ŦD

Algäu   Lech-u. Walser-Thal.   Bregenserwald.

Handbuch für Reisende

im

Algäu,

Lechthal und Bregenzerwald.

Von

Jos. Buck.

Mit einer Karte, einem Höhen=Profile und einem Trachten=Bilde.

Verlag von Tobias Dannheimer
Kempten 1856

Wem Gott will rechte Gunst erweisen,
Den schickt er in die weite Welt;
Dem will er seine Wunder weisen
In Berg und Wald und Strom und Feld.

© 1983 Verlag Tobias Dannheimer GmbH, Kempten
Buchgestaltung:
Herbert Edele und Atelier Wenzel
ISBN 3-88881-002-7
Herstellung: Sulzberg-Druck GmbH, Sulzberg im Allgäu

TOBIAS
ĐANNHEIMER

1783 – 1983

Lieber Leser!

Seit 200 Jahren besteht die Firma Tobias Dannheimer. Das ist fürwahr ein stolzes Alter. Nur wenige Firmen können auf eine solche Tradition zurückblicken und ihr fühle ich mich verpflichtet. Das Jubiläum war der Anlaß, den Verlag neu aufleben zu lassen.

Zu Ihrem und zu meinem Vergnügen habe ich dieses alte Buch von 1856 aus dem Verlag Tobias Dannheimer wieder aufgelegt. Josef Buck hat in seinem „Handbuch für Reisende im Algäu, Lechthal und Bregenzerwald" auf alles „Wissenswerthe und Schöne seines Heimatlandes" aufmerksam gemacht.

Manches davon können Sie auch nach über einem Jahrhundert wiederentdecken.

Hoffentlich hat das Erhalte-
ne noch lange Bestand. Und
mögen Buchhandlung und
Verlag Tobias Dannheimer
weitere Jahrhunderte erleben.

Kempten 1983

Herbert Edele
Buchhändler und Verleger

Vorrede.

Das Algäu, welches mit seinen freund=
lichen Thälern, seinen schönen, die herrlich=
sten Fernsichten bietenden Bergen, seinem
biedern Volksstamme, vor Kurzem selbst in
geringer Entfernung von seinen Marken
so gut wie unbekannt war, ist durch die
Verkehrsmittel der neuern Zeit auch den
entfernter Wohnenden nahe gebracht
worden.

In den Tagen des Hochsommers bringt
die Eisenbahn eine ansehnliche Zahl von

Gästen aus dem Norden her in's Algäu, die, um Sommerfrische zu halten, längere Zeit daselbst verweilen, oder auf größeren Touren begriffen, auch das Algäu mit seinen benachbarten Thälern mit in den Bereich ihrer Reise ziehen.

In den nachfolgenden Blättern ist versucht worden, den Wanderer im Algäu, Lechthal und Bregenzerwald auf alles Wissenswerthe und Schöne aufmerksam zu machen. Der Fremde wird, da die Touren gewöhnlich von den Hauptorten aus angegeben sind, leicht die den Umständen gemäße Auswahl treffen können.

Die Höhe der Berge ist nach den Verzeichnissen von Dr. Lamont und Dr. Sendtner in Pariserfußen ü. d. Mittelmeer, angegeben. Die Angabe der Gebirgszüge ist nach Walter. Den Geologen und Botaniker

verweisen wir auf Prof. Schafhäutl's geo=
gnostische Untersuchung der südbayerischen
Alpen und Dr. Sendtner's Vegetations=Ver=
hältnisse Südbayerns; dem Geschichtsfreund
empfehlen wir in Betreff näherer historischer
Aufschlüsse Prof. Haggenmüller's treffliche
„Geschichte der Stadt und gefürsteten Graf=
schaft Kempten" (Kempten bei Tobias
Dannheimer).

Bei der für den Reisezweck nothwen=
digen Oekonomie des Werkchens mußten
die Beschreibungen möglichst kurz gehalten
werden, jedoch wurden die registerarti=
gen Angaben mancher Handbücher eben=
so zu vermeiden gesucht, als überschweng=
liche Schilderungen, welche die Vorstellun=
gen des Lesers so sehr steigern, daß der=
selbe bei nachfolgender Selbstschau nur zu
oft enttäuscht wird und dann auch für das

wirklich Schöne kein Wort freudiger Aner=
kennung mehr hat.

Die Schilderungen sind daher mehr ob=
jectiv gehalten und wenn an einigen Stel=
len wärmere Worte Platz fanden, so möge
das der Vorliebe des Verfassers für sein
Heimathland, dem er mit ganzer Seele zu=
gethan ist, zu gut gehalten werden.

Der Verfasser.

Inhalt.

Register.

Einleitung.

An den südwestlichen Landmarken Bayerns, zwi=
schen Bodensee und Lech, erhebt sich eine Reihe maje=
stätischer Gebirge; bald schroff und steil in einzelnen
Kegeln aufragend, bald als langgedehnte Gewände
hinziehend, umgürten sie in weitem Bogen jenes Ge=
biet, welches man Algäu nennt. Von diesen Gebir=
gen ziehen, theils gegen den Bodensee, theils gegen
den Lech abdachend, mehrere Hügelreihen in nördlicher
Richtung, welche weite, fleißig bebaute und gut bevöl=
kerte Thäler zwischen sich haben.

Im hohen Alter hieß nur das Gelände an der
obern Iller bis da, wo sie aus den Gebirgen heraus=
tritt, Algäu; später aber, als die alte Eintheilung
der Gaue ihre Geltung verlor, dehnte man diese Be=
nennung auch auf die bezeichnete Hügelkette aus, jedoch
ohne feste nördliche Begrenzung.

Denkt man sich vom Bodensee über die württem=
bergischen Städtchen Wangen und Leutkirch nach
Memmingen, und von da über Kaufbeuern und
Oberdorf bis zum Lech eine Linie gezogen, so wird
dieselbe die nördliche Begrenzung des Algäu's, wie sie
sich traditionell vom vorigen Jahrhunderte auf die
Gegenwart vererbte, annähernd bezeichnen.

1

Sudlich wird das Algäu vom Lechthale und Bregenzerwalde durch hohe Gebirgskämme, über welche auch die politische Grenze sich hinzieht, geschieden.

Algäu, Lechthal und Bregenzerwald sind also die, theils zu Bayern und Württemberg, theils zum österreichischen Staate zählenden Gebiete, welche in den nachfolgenden Blättern zu schildern versucht werden. Da jedoch die Algäuer Alpen mit den Gebirgen des Lechthales und Bregenzerwaldes eine zusammenhängende Kette bilden, so müssen sie auch im Zusammenhange mit letztern betrachtet werden.

Einen Theil jenes großen Kalkalpengebirges, welches sich am Nordrande der Urgebirge in westöstlicher Richtung hinzieht, bilden unsere Algäu-, Lechthal- und Bregenzerwald-Gebirge. Durch Höhe, Bau und Gestalt wesentlich von einander geschieden, theilt man sie in einen Haupt-, Mittel- und Vorderzug ein, an welch' letzteren sich das Vorgebirge anschließt.

Der **Hauptzug** beginnt bei Bludenz im Vorarlbergischen, zieht in zwei Gliedern zu beiden Seiten des Leches hin, und setzt sich dann weiter im oberbayerischen Gebirge fort. Er tritt in langen zusammenhängenden Gewänden auf, aus denen sehr hohe, kahle, meist entweder gar nicht oder nur schwer zugängliche Bergkegel emporsteigen. Ihm gehören an: die **Rothewand** (am Lechursprunge 8302′), der **Biberkopf** (8027′ L. 8014′ S), die **Mädlergabel** (8107′), die **Krottenköpfe** (7620′), die **Wildspitze** (7266′), der **Hochvogel** (7948); zur Rechten des Leches: die **Roglaspitze**, der 9000′ hohe **Muttekopf**, die **Wetterspitze**, die **Heiterwand**, der **Thanneler** ꝛc.

Der **Mittelzug** steigt bei Feldkirch aus dem Rheinthale an, breitet sich um den Illerursprung aus und setzt sich dann gegen den Plansee und das oberbayerische Gebirge fort. Seine Glieder zeigen eigenthümlich geformte Berge (Hochüfer), die durch tiefe Querthäler getrennt, gesonderte Gebirgsstöcke bilden. Er erreicht nicht die Höhe des Hauptzuges; seine Berge fallen gewöhnlich gegen Norden steil ab, während sich südlich sanfte Alpenmatten bis zu den Felsenkämmen hinan ziehen. Die Künzlespitze im Bregenzer Walde, der Wibberstein (7786'), der Hochüfer (6664'), die Gottesackerwände (6235'), der Daumen (6996), das Geishorn (6931') sind die nennenswerthesten seiner Berge.

Der **Vorderzug** erhebt sich mit dem Fanachgrate aus dem Thale der Weißach, und setzt sich mit dem Rindalphorn (5696'), Stuiben (5431'), Steineberg in langen, schmalen Wänden von auffallend gleichförmigen Profilen gegen den Grünten (5358'), Säuling (6217'), Straus= und Tegelberg (5913', 5533') fort. Längs der Nordseite des Vorderzuges ziehen die bewaldeten Vorgebirge hin, unter welchen der Hochgrat bei Staufen, das Immenstädter Horn (4707'), das Wertacher Horn, der Edelsberg (4990') und der Trauchberg (5072) hervorzuheben sind.

Diesen Gebirgszügen legen sich drei, durch weite Thalflächen getrennte, von Süd nach Nord verlaufende Hügelreihen vor. Westlich steigt der erste dieser Höhenzüge aus dem Alpsee bei Immenstadt an, erreicht im Stoffelsberg (3255') und Hauchenberg (3757')

bei Niedersonthofen, im Blender (3333'), im Schwar=
zengrat (3493', Württemberg), seine größte Höhe,
und dehnt sich gegen Legau und Memmingen hin
(1844') zur schönen fruchtbaren Ebene aus. Er bildet
die Hauptwasserscheide (zwischen Donau und Rhein),
welche die bayerische Süd=Nordbahn bei Oberstaufen
überschreitet.

Zwischen der Iller und Wertach erhebt sich ein
zweiter Zug mit dem Rottachberg (3300'), der
wallartig vor den Grünten hinzieht, geht über den
Bodelsberg (3003') und die Anhöhen des Kemp=
terwaldes (Jägerhaus 2914'), (Hochgreut 2912'),
und spaltet sich vor Ober=Günzburg in zwei Aeste, von
denen der eine sich über die Wagegger und Haldenwan=
ger Höhen, Eschers (2749'), bis Lachen bei Otto=
beuern fortsetzt, der andere aber sich gegen Kaufbeuern
in vielen Verzweigungen verliert. Diese zweite Hügel=
kette bildet die secundäre Wasserscheide (Iller—Wertach),
welche die Eisenbahnlinie bei Günzach überschreitet.

Mit dem Zwiselberg bei Roßhaupten erhebt sich
der dritte Zug, welcher im Auerberg (3195') seine
größte Höhe erreicht, sich jedoch östlich, dem allgemei=
nen Abdachungsgesetze des bayerischen Südens gemäß,
in unbedeutenden Hügelreihen verliert.

Was die geologische Beschaffenheit dieser Gebirgs=
züge betrifft, so bestehen sie größtentheils aus Jurakalk.
Hervorzuheben sind die Dolomite des Hauptzuges (Biber=
kopf, Mädlergabel, Hochvogel, Wildspitzen ꝛc.), die
oolitischen Gebilde des Mittelzuges (Hochüfer, Gottes=
ackerwände, Kakenköpfe, Besler=Fels), und die tertiäre
Nagelfluh= und Kreideformation im westlichen Stocke

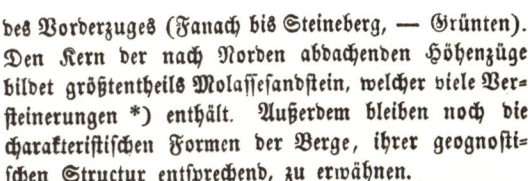

des Vorderzuges (Fanach bis Steineberg, — Grünten). Den Kern der nach Norden abbachenden Höhenzüge bildet größtentheils Molaſſeſandſtein, welcher viele Ver= ſteinerungen *) enthält. Außerdem bleiben noch die charakteriſtiſchen Formen der Berge, ihrer geognoſti= ſchen Structur entſprechend, zu erwähnen.

Die Dolomite ragen, wie bekannt, in ſcharfen Spi= ßen, Zähnen und Nadeln empor; die Kalfberge bilden ſteile Kämme, die Kalfhornſteine dachförmige, größten= theils beraste Berge von mäßiger Höhe. Merkwürdig ſind die Formen des oolithiſchen Kalkes, die auf der einen Seite ſanft anſteigen, auf der entgegengeſetzten in ſteilen Böſchungen abfallen; die Sandſteine bilden ſanft gerundete Kuppen u. ſ. w.

Dieſe Gebirgszüge führen auf die von ihnen um= ſchloſſenen Thäler und die ſie durchſtrömenden Ge= wäſſer zurück.

Illerthal (Allgäu), Lechthal und Bregenzer= wald beginnen alle drei in geringer Entfernung von einander auf den Höhen des Thannberges. An den Abhängen dieſes merkwürdigen Gebirgsknotens ent= ſpringen auch die Quellbäche der Iller, des Leches und der Bregenzer Ach.

Das Illerthal beginnt (nachdem das Walſer= thal von der Breitach — das Birgsauerthal von der Stillach —* und das Spielmannsauerthal von der

_____

*) In einem Steinbruche bei Kottern wurde eine große verſteinerte Schildkrötenſchaale gefunden; Fiſchzähne, Muſcheln ꝛc. finden ſich häufig in den Steinbrüchen bei Lenzfried.

Trettach durchflossen, — in dasselbe gemündet,) in der schönen Ebene bei **Oberstdorf.**

Die **Breitach, Stillach** und **Trettach** vereinigen sich unterhalb Oberstdorf, und bilden durch ihren Zusammenfluß die **Iller,** die, nachdem sie in ihrem obern Laufe viele wasserreiche, aus den Seitenthälern kommende Gebirgsbäche aufgenommen hat, bei **Kempten** floßbar wird und bei **Ulm** in die **Donau** fällt. Bezeichnend ist die Gliederung des Illerthales vom Illerursprung bis zu ihrem Durchbruche am **Laubenberge** bei **Immenstadt** (**oberes Illerthal**); und von da bis in die Gegend von **Reichholzried** (**unteres Illerbecken**), wo sie sich vor unvordenklicher Zeit einen Weg durch die Felsen gebahnt hat.

Das **Lechthal** beginnt bei dem Dörfchen **Lechleiten,** von den Ortschaften des Thannberges, Warth am Lech ꝛc. nur durch eine Schlucht getrennt, und reicht bis **Weissenbach** bei **Reute.** Der **Lech,** nachdem er sich den Schluchten des Hauptzuges entwunden, durchströmt dasselbe; er nimmt zahlreiche, aus den vielen Seitenthälern des Lechthals kommende Bäche auf, tritt bei **Füssen,** wo er schöne Fälle bildet, in's bayerische Gebiet, und mündet bei **Lechsgmünd** in die **Donau.**

Zu beiden Seiten der **Bregenzerache,** die ihre Wasser aus den Schluchten des **Schreckens** empfängt, breiten sich die schönen Gefilde des Bregenzerwaldes aus. Derselbe zerfällt in den **innern** — vom Dorfe Egg, längs der Ache bis nach Hopfereben, — und in den **äußern Wald,** welcher die Gegend um **Hüttisau,** Lingenau und Sibratsg'fäll umfaßt. Die Ache

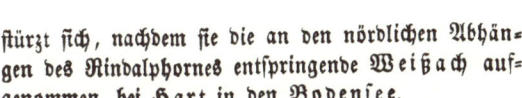

stürzt sich, nachdem sie die an den nördlichen Abhän=
gen des Rindalphornes entspringende Weißach auf=
genommen, bei Hart in den Bodensee.

Noch müssen die beiden Argen und die Wertach
angeführt werden. Die Wertach entspringt bei Unter=
joch durch den Zusammenfluß mehrerer Bäche, durch=
fließt das Seebecken bei Görisried, belebt die freund=
liche Ebene zwischen Oberdorf und Kaufbeuern, und
fällt bei Augsburg in den Lech.

Die beiden Argen, die ihre Quellen an den west=
lichen Abhängen der Miffener Berge haben, mün=
den, nachdem sie das freundliche, seewärts sich ab=
dachende Hügelland (württembergisches Allgäu) durch=
laufen, nach ihrer Vereinigung bei Langenargen, in
den Bodensee.

Innerhalb dieser Flußgebiete befindet sich eine ansehn=
liche Zahl schöner Seen, die nicht wenig zum Schmucke
der Gegend beitragen. Der Niederfonthofer oder
Inselfee zwischen Kempten und Immenstadt, der
Alpfee bei Immenstadt, der liebliche Weißenfee bei
Füffen, der Hopfenfee, der Alp= und Schwanfee
bei Hohenschwangau, der herrliche Planfee bei Reute,
der Halden= und Vilsalpfee im Thannheimer=
thale, beleben mit ihren schimmernden Wasserspiegeln
die Landschaft.

Insbesondere müssen die den Algäuer Alpen
eigenthümlichen Bergfeen hervorgehoben werden, die,
hoch oben in den Wildniffen des Gebirges, oft bis
Johanni unter der Eisdecke vergraben, ihre dunkeln
Fluthen ausbreiten. Wir führen den Erzgünderfee
auf dem Daumen 5696', den Geisalpfee, den See=

alpfee 5001', den Rappenfee 6500' an; — der Frei=
bergerfee 2865' bei Oberstdorf und der Alatfee
bei Füffen find durch ihre freundliche Lage ausge=
zeichnet.

Obwohl, streng genommen, nicht hieher gehörig,
müffen wir doch der „Perle des Westens", des Boden=
fees, Erwähnung thun, da auch seine Ufer theilweise
in den Bereich unserer Schilderungen fallen.

Auch an Wafferfällen ist kein Mangel, denn
im Algäu, wie im Lechthal und Bregenzerwalde finden
sie sich häufig. Wir erwähnen nur des herrlichen
Stuiben bei Reute, des Stuiben im Oythale, des
Falles im Hölltobel bei Oberstdorf und der schönen
Fälle bei Mellau im Bregenzerwald.

Aber auch heilkräftige Waffer entquellen dem
Boden unserer Gebiete, wir heben insbesondere die
Jodquelle bei Kempten, die Schwefelquellen
bei Tiefenbach und Au im Algäu und die eisen=
haltige bei Reute im Bregenzerwalde (wo sich überall
Badanstalten befinden) hervor.

Die Verschiedenheit der klimatischen Verhältniffe
findet sich, wie in allen Gebirgsländern, so auch hier:
während an den Ufern des Bodensee's unter dem Ein=
fluffe eines milden Klimas die Traube reift, liegen
manche bewohnte Gebirgsthäler acht Monate des Jah=
res unter Schnee vergraben; freilich entwickelt sich dann
im Frühjahre in den Gebirgen die Vegetation um so
rascher; prangender Blumenflor und winterliche Schnee=
lager finden sich da in unmittelbarer Nähe. Wegen
der langen Lagerung des Schnees ist auch der Getreid=

bau in den Gebirgsgegenden gering *); der landwirth=
schaftliche Betrieb ist daher mehr auf Viehzucht und
Käsebereitung gerichtet. Nördlich von Kempten ge=
winnt der Getreidebau die Oberhand; um Memmin=
gen wird auch nicht unbedeutender Hopfenbau be=
trieben.

Näher auf alle diese Dinge einzugehen, wird sich
noch öfter Gelegenheit finden.

Erwähnen wollen wir noch, daß, obwohl die aus=
gedehnten Waldungen noch lange keinen Holzmangel
befürchten lassen, doch die starke Ausfuhr und der innere
Bedarf die Holzpreise nicht unerheblich gesteigert haben;
dagegen bieten die ausgedehnten Torflager ein bil=
liges und gutes Brennmaterial. In den größern Wal=
dungen findet sich nur die Weiß= und Rothtanne;
Buchen= und Eichenwälder sind selten; der Ahorn und
die Birke kommen mehr vereinzelt vor; sehr selten
sind die Lerche und Zirbelkiefer. Der Maulbeer= und
Wallnußbaum (bei Kempten 2571') gedeihen in ein=
zelnen Exemplaren. Auf den futterreichen Alptriften
wird ein vortrefflicher Schlag Hornvieh gezogen;
die Algäuer=, Walser= und Wälderkühe sind
weithin bekannt; die Pferdezucht ist dagegen weniger
bedeutend, da sie mehr auf kräftigen Bau als auf
Schönheit der Formen abzielt.

In der Umgegend von Memmingen ist die Schaf=
zucht nicht unbedeutend. Auch die Bienenzucht

---

*) Die höchstgelegenen Getreidefelder finden sich bei Diep=
polz 3709', auf dem Bobelsberg 3003', bei Stög im Lech=
thale 3600'.

findet ihre Pflege. Nicht unerwähnt darf die im obern Algäu betriebene **Schneckenzucht** bleiben.

Von **Wild** kommt im Gebirge der Luchs, die Gemse, das Murmelthier und der Berghase; von **Federwild** der Adler, der Auer= und Spielhahn, das Stein= und Schneehuhn vor. Hirsche, Rehe ꝛc. finden sich, freilich nicht mehr so häufig wie früher, in den Kirnacherforsten und im Kempterwalde. Die Flüsse, Weiher und Seen bieten vorzügliche **Fische**. Im Bodensee kommt das Blaufelchen und der Gangfisch in sehr großer Menge vor; in der Iller (bei Kempten) werden zur Zeit der ersten Gewitter die sogenannten Naasen schaarenweise gefangen; auch Rothfische oft von beträchtlicher Größe finden sich in derselben; in den Gebirgsbächen tummelt sich die muntere Forelle; die Wildseen bergen treffliche Sälblinge, Hechte, Karpfen, Weller oder Welse beleben die Teiche und Seen der Ebene.

Auch das **Mineralreich** spendet seine Gaben; im Grünten und bei Hindelang sind ergiebige Eisen= gruben (Spuren finden sich am Erzberge in Hinter= stein, auf der Geisalpe, in Einödsbach u. a. O.) Be= deutende Gypsbrüche sind im Pfrontnerthale, schöner Marmor wird bei Füssen gebrochen, und in dem Spiel= mannsauer= (Traufbach=) Thale. Die Sandsteine liefern treffliches Baumaterial. Sehr geschätzt sind die soge= nannten Grüntenplatten zu verschiedenen Bauzwecken; Braunkohlenadern, die häufig getroffen werden, haben sich bis jetzt nicht als ergiebig genug ausgewiesen.

Die Bewohner unserer Gebiete sind germanischer Abkunft, alemannischen Stammes, was sich im Bregenzerwalde und im oberen Algäu besonders deutlich ausspricht (an der untern Iller sind jedoch die suevischen, und im Lechthale die bojischen Elemente vorherrschend. Sie sind größtentheils hochgewachsen, festgebaut und aufgeweckten empfänglichen Geistes, der sich nicht nur in den Vorkommnissen des täglichen Lebens, in Gewerben und Handel ꝛc., sondern auch in den höhern Anforderungen desselben, in Wissenschaft und Kunst hervorthut. Die Zahl der Algäuer wird annähernd auf etwas über 160,000, die der Wälber auf 20,000 angegeben. Lechthaler zählt man 8000 und im kleinen Walserthale leben 1500 Einwohner. Die meisten Bewohner auf dem Lande sind katholisch, nur in den ehemaligen Reichsstädten (Kempten, Kaufbeuern, Memmingen, Isny, Lindau, Leutkirch, Wangen) finden sich Protestanten; in Grönenbach, Herbishofen und Theinselberg (Algäu) sind reformirte Gemeinden mit etlichen hundert Seelen.

In den Gebirgen des Algäus und Bregenzerwaldes hat sich aus alter Zeit die Sage von „wilden Menschen“, die in den Felsenhöhlen der Berge gewohnt haben sollen, erhalten; — möglich, daß es Reste der Urbewohner waren, die vor dem Römerschwerte in die Felsenwildnisse der Gebirge sich geflüchtet; — gewiß ist nur, daß vor der Römerherrschaft zwischen dem Lech und der Wertach (Licus Vinda) der Stamm der Lykatier gewohnt hat. Sie waren kriegs- und beutelustig, und verfuhren bei ihren Raubzügen mit schonungsloser Grausamkeit, welche sie weithin verrufen machte, was dazu Veranlassung gegeben haben mag, daß man alle Stämme, die sich längs des Gebirges zwischen dem Lech und Bodensee niedergelassen, Windelechen oder Vindelicier nannte.

An den Ufern der Iller soll in einem befestigten Platze (Campodunum) der vindelicische Stamm der Estionen gewohnt haben; an den südöstlichen Ufern des Bodensee's hatten sich die Brigantier (Brigantium — Bregenz), nach welchen auch der Bodensee der brigantinische genannt wurde, niedergelassen. Vereint mit den Rhätiern kämpften die Vindelicier gegen die Römer; es war der ernste Kampf um Freiheit und Unabhängigkeit — sie unterlagen — und der römische Aar hieb seine Fänge in den freiheitsstolzen Nacken des bezwungenen Vindeliciers. Unter Kaiser Augustus, der seine Stiefsöhne Drusus und Tiberius zur Unterjochung dieser Völker ausgesandt, bekam das Land eine ganz andere Verfassung und Gestalt. Es wurden Straßen angelegt, Castelle zum Schutze derselben erbaut, die Widerstandsfähigkeit des Volkes durch den Waffendienst der jungen Mannschaft in den römischen Legionen gebrochen, fremde Ansiedler herbeigezogen, römische Gesetze, Sprache und Cultur eingeführt, kurz — die keltischen Vindelicier wurden romanisirt. — Eine Menge Ortsnamen, gefundene Geräthe, Münzen, Waffen ꝛc. sind die beredten Zeugen, daß das Land unter den Römern wohl bevölkert und angebaut war. Von Augusta Vindelicorum (Augsburg), der Hauptstadt der Provinz, führte eine Straße über Schwabmünchen am linken Ufer der Wertach (Sibnach, Baisweil, Eggenthal) hinauf nach Guntia (Ober = Günzburg),

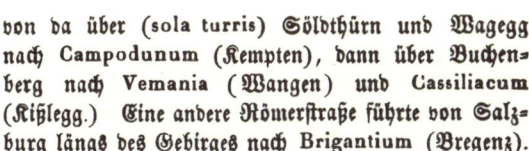

von da über (sola turris) Sölbthürn unb Wagegg nach Campodunum (Kempten), bann über Buchen= berg nach Vemania (Wangen) unb Cassiliacum (Kißlegg.) Eine anbere Römerstraße führte von Salz= burg längs bes Gebirges nach Brigantium (Bregenz).

Vier Jahrhunberte bauerte bie Römerherrschaft; ba brängten beutsche Stämme, von Norben kommenb, gegen biese Provinzen; bie vereinten Sueven unb Alemannen verbrängten bie Römer, nahmen von bem Lanbe Besitz unb breiteten sich von ben Quellen ber Donau bis zum Leche hin aus.

Ihre germanische Abkunft sprach sich in ber herku= lischen, nur von ber Haut erlegter Thiere umhüllten Gestalt, im blonben wallenben Haare, im blauen Auge aus. Der Liebe, ben Freuben bes Bechers ergeben, waren sie bennoch mannhaft, streitbar, tapfer, treu unb ohne Falsch. Sie haßten bie beengenben Mauern ber Stäbte, unb erbauten sich ihre leicht gezimmerten Wohnungen am Bergeshang, am Walbsaume, wie jeben bie Lust bazu trieb. Sie waren Heiben, ihre Religion Naturbienst, Haine waren ihre Tempel, bie Eiche ihnen heilig.

Sie hielten sich unangefochten in ben eroberten Wohnsitzen, bis ber Frankenkönig Chlobwig ben großen Alemannenbunb (496) bei Zülpich zertrümmerte unb sie sich bem fränkischen Joche beugen mußten; boch blieb alemannischer Stamm unb alemannisches Wesen unangetastet; Herzoge unb Grafen fränkischen Stam= mes wurben ihnen vorgesetzt; biese hatten bie Gaue zu verwalten, an offener Malstatt Recht zu sprechen unb ben Heerbann zu führen.

Unter der fränkischen Herrschaft breitete sich die Christuslehre, welche schon unter den Römern Wurzel zu schlagen versuchte, in den Kämpfen der letzten Jahrhunderte aber fast gänzlich verschwunden war, wieder aus. Der heil. Columban, der aus Irland herübergekommen war, fand an den Ufern des Bodensee's schon einen christlichen Priester, Namens Willimar. Gallus, der Jünger des Columban, gründete in einer Einöde weiter landeinwärts eine Pflanzschule christlicher Lehre, aus welcher nachmals Magnus und Theodor, die Apostel des Algäu's, hervorgingen. Nach dem Tode des heil. Gallus trennten sich nämlich Magnus und Theodor von ihren Glaubensbrüdern und wanderten über Brigantium nach den Gestaden der Iller, wo sie eine zwar angenehm gelegene, aber gänzlich veröbete Stadt (Campodunum) fanden. Sie bauten (645) ein kleines Bethaus, verkündeten den Anwohnern die Lehre des Heils und tauften viele. Magnus zog weiter zum Bischof Wichpert nach Epfach (bei Schongau), ging dann lechaufwärts, wobei er viele Wunder verrichtete, nach Füssen, und gründete dort ein Kloster. Theodor blieb bei dem Bethause in Kempten, mußte aber von den Anwohnern unsägliche Leiden erdulden; dennoch hatte er eine kleine Kirche erbaut, die nachmals Bischof Wichpert auf Fürbitte des heil. Magnus einweihte. Der heil. Magnus starb zu Füssen (666). Theodor suchte in der nachfolgenden stürmischen Zeit eine Zuflucht im Kloster St. Gallen.

Die fränkische Oberherrlichkeit behagte den alemannischen Fürsten wenig, sie suchten sich unabhängig zu

machen; Herzog Gottfried, der mächtigste der aleman=
nischen Herzoge, soll (680) im Kampfe für Aleman=
niens Unabhängigkeit durch den Hausmair der frän=
kischen Könige von der Burg Hilarmont, wo er seinen
Sitz hatte, vertrieben worden sein. Gottfrieds Söhne
setzten den Kampf muthig, aber ohne glücklichen Er=
folg fort; von Karlmann am Lech geschlagen, mußten
sie sich ergeben; die alemannische Herzogswürde wurde
abgeschafft und das Land durch sogenannte Kammer=
boten regiert. Nach Karlmanns Tode kam Aleman=
nien an Karl den Großen; dieser vermählte sich
mit Hildegard, Tochter des suevischen Grafen Hil=
teprant (Gottfrieds Sohn), und brachte ihrem Gemahl
außer der Burg Hilarmont (Burghalde bei Kemp=
ten) große Besitzungen im Illergau zu.

Als sich die Sturmfluthen des Kampfes um Ale=
manniens Freiheit wieder gelegt, schickte der St. Gallische
Abt Othmar den Mönch Vertzog nebst einigen Brü=
dern nach Kempten, die geweihten Stätten wieder auf=
zurichten. Diese frommen Männer bauten einige Hütten
und eine Kirche, welche zu Ehren des heil. Nikolaus
geweiht wurde. Hildegard, Karls des Großen Gemah=
lin, die an dem frommen Wandel dieser Eremiten
großen Gefallen fand, faßte im Jahre 772 den Ent=
schluß, ihnen ein Kloster zu bauen; sie begabte es mit
all' ihrem mütterlichen Erbe, welches sie im Iller=,
Al= und Augstgau besaß, und auf ihre Fürbitte weihte
Papst Hadrian den frommen, adeligem Geschlechte ent=
sprossenen Audegar (773) zum ersten Abte. Das Stift
entwickelte sich rasch, schon im 13. Jahrhunderte führte
der Abt den Titel: Fürst; mit vielem Geschicke muß=

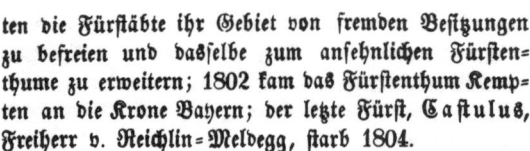

ten die Fürstäbte ihr Gebiet von fremden Besitzungen zu befreien und dasselbe zum ansehnlichen Fürstenthume zu erweitern; 1802 kam das Fürstenthum Kempten an die Krone Bayern; der letzte Fürst, Castulus, Freiherr v. Reichlin=Meldegg, starb 1804.

Auch Ottobeuern, das berühmte Benediktiner= stift, verlegt die Zeit seiner Gründung in das 8. Jahr= hundert. Es soll von Sylach, einem Grafen des Iller= gaues und Herzogs in Franken gestiftet, und durch bedeutende Schankungen der Kaiserin Hildegard ver= größert worden sein. Im 16. Jahrhundert wurde die Abtei mit dem schon 1083 als Markt genannten Orte Ottobeuern belehnt; 1766 feierte sie das Jubelfest ihres eintausendjährigen Bestehens mit großer Pracht. In Folge des Friedens von Luneville kam die Abtei 1802 an Bayern.

Ein sehr zahlreicher Adel blühte im Lande, eine Menge morscher Burgruinen, die trauernd von den Hügeln schauen oder kaum mehr kenntlich sich im Tan= nendunkel bergen, sind noch die stummen Zeugen der im Zeitensturme untergegangenen Herrengeschlechter. Neben geistlicher und weltlicher Herrschaft erhoben sich die Städte mit eigenem wohlgeordneten Ge= meinwesen. Kempten, Lindau, Memmingen, Kauf= beuern, Isny, Leutkirch, Wangen hatten sich durch Einsicht, Fleiß und Betriebsamkeit ihrer Bewohner zu ansehnlichem Wohlstande emporgearbeitet, und errangen endlich unter Kaiser Rudolf die Reichsfreiheit.

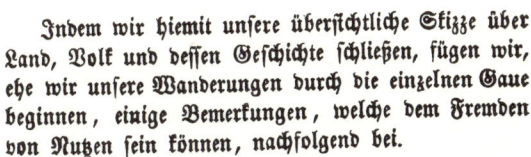

Indem wir hiemit unsere übersichtliche Skizze über Land, Volk und dessen Geschichte schließen, fügen wir, ehe wir unsere Wanderungen durch die einzelnen Gaue beginnen, einige Bemerkungen, welche dem Fremden von Nutzen sein können, nachfolgend bei.

Die meisten Reisenden werden mittelst der Eisenbahn entweder von Augsburg oder Lindau her in's Algäu gelangen. Da jedoch die Fahrten mit den Jahreszeiten wechseln, so wäre eine Angabe über Ankunft und Abfahrt unnütz; wir wollen hier daher einige andere Verbindungen anführen.

Von Memmingen nach Kempten, (täglich) Stellwagen 1 fl.; Eilwagen von Biesenhofen über Oberdorf, Stötten nach Füssen 2 fl. 54 kr.; Eilwagen von Kempten nach Füssen 2 fl. (täglich); Eilwagen von Kempten über Nellenbruck nach Jsny 1 fl. 58 kr. Von Kempten über Kimratshofen nach Leutkirch geht ebenfalls eine Postverbindung, welche einzelne Personen befördert 36 kr. Von Immenstadt nach Oberstdorf geht in den Sommermonaten täglich ein Postwagen hin und zurück; ebenso ein Stellwagen nach Sonthofen und Hindelang.

Zum Besuche des Algäu's und der angrenzenden Thäler sind die Monate August und September am geeignetsten; die Gebirgspässe sind um diese Zeit alle gangbar, die Hochgebirge größtentheils schneefrei. Ohne verläßigen Führer möge der Fremde nie eine Wanderung in die Gebirge unternehmen. Bei solchen Ausflügen muß insbesondere die Beschuhung sehr dauerhaft sein; die Tuchjoppe, wie sie in den Gebirgen

üblich, ist das geeignetste Oberkleid. Etwas Mund=
vorrath, Wein, Rum u. dergl. mitzunehmen, ist rath=
sam. Dem Führer bezahlt man täglich 1 fl. 24 kr.
bis 1 fl. 36 kr. nebst freier Zehrung im Falle des
Einkehrens. Allenthalben, selbst in den entlegensten
Alpdörfern, findet man gutes und billiges Unterkom=
men. Der Reisende zu Fuß darf seine Auslagen durch=
schnittlich auf 2 fl. per Tag anschlagen; Gold= und
Papiergeld werden auf dem Lande nicht gerne ange=
nommen; Guldenstücke, Kronenthaler und Franken=
thaler coursiren am häufigsten. Zum Eintritt in das
österreichische Gebiet ist ein Paß, Vorweis oder der=
gleichen nöthig. 2 Loth Tabak und 10 Stück Cigar=
ren sind zollfrei.

Algäu.

„Das Algöw oder Alpengöw iſt eine Gegend oder Strich Land in dem räthigowiſch Gepürg, daburch die Iller fleußt", ſagt ein alter Geograph. Bereits in der Einleitung iſt die Begrenzung des Algäu's ange= geben worden, und wir fügen hier noch bei, daß ſchon in der karolingiſchen Zeit die Gegend zwiſchen dem Bodenſee und Lech längs der Alpen, der natürlichen Bodenbeſchaffenheit und der Stammeseigenthümlichkeit der Bewohner gemäß, in verſchiedene Gaue einge= theilt war.

Zunächſt um Kempten, zu beiden Seiten der Iller breitete ſich der Illergau aus und ſchloß nördlich die Heimertinger Mark in ſich; ſüdlich vom Iller= gau zog ſich der Alpengau in die Gebirge hinauf; weſtlich, durch den Höhenzug von Diepolz und Helen= gerſt von dem Illergau getrennt, dehnte ſich der Ar= gengau gegen das Seegelände aus; an dieſen ſchloß ſich nördlich der Niebelgau. Von der Wertach bis zum Leche und von Füſſen bis gegen Kaufbeuern zog

sich der Keltensteingau hin. Die Gegend nördlich von Kaufbeuern hieß der Augstgau.

Der mächtigste Herr im Illergau war der Fürstabt von Kempten, dessen Gebiet von Martinszell bis in die Gegend von Memmingen und Kaufbeuern reichte. Am linken Illerufer hinauf bis in's Thal der Breitach und von Immenstadt durch's Konstanzerthal geboten von Alters her die Grafen von Montfort, welche später ihre Besitzungen im Algäu an die Grafen von Königs= egg überließen. Das rechte Illerufer bis da, wo das Rottachflüßchen in die Iller mündet, war Röthenber= gisches Eigen und kam durch Kauf an das Stift Augs= burg. Durch den Frieden von Luneville kamen alle diese Besitzungen an die Krone Bayern. Gegenwärtig umfaßt das Algäu folgende Landgerichtsbezirke, als: Immenstadt, Sonthofen, Weiler, Lindau, Kempten, Füssen, Kaufbeuern, Ober=Günzburg, Grönenbach und (theilweise) Ottobeuern und Oberdorf *), sowie die Magistratsbezirke der Städte Kempten, Lindau, Mem= mingen und Kaufbeuern, und die württembergischen Aemter Wangen und Leutkirch.

---

*) Nach der Zählung von 1852 leben im Lbgcht. Immen= stadt 14,336 Einwohner, im Lbgcht. Sonthofen 16,521 E., im Lbgcht. Weiler 20,181 E., im Lbgcht. Lindau 9139 E., im Lbgcht. Kempten 18,465 E., im Lbgcht. Füssen 12,383 E., im Lbgcht. Kaufbeuern 8089 E., im Lbgcht. Ober=Günzburg 10,235 E., im Lbgcht. Grönenbach 12,441 E. Das Lbgcht. Ottobeuern zählt im Ganzen 16,455 E., und das Lbgcht. Oberdorf 9082 E. (Beiträge zur Statistik d. Königr. Bayern von Dr. v. Hermann.)

Der von Norden kommende Reisende betritt das
Algäu bei Kaufbeuern. Seit die bayerische Süd=
Nordbahn *) bis Lindau führt, sind die andern Zu=
gänge (aus Schwaben über Memmingen, aus Ober=
Bayern über Oberdorf, aus Tyrol über Nesselwang,
und vom Bodensee über Röthenbach oder Isny) kaum
mehr von einiger Bedeutung.

---

*) Von Kaufbeuern geht die Bahn nach Biesenhofen,
(Postwagen über Oberdorf, Stötten, Roßhaupten nach Füssen),
wendet dann zur Uebersteigung der Wasserscheide zwischen
Wertach und Iller (2601'), rechts ab über Ruberatshofen
und Aitrang nach Günzach führend; von da lenkt sie gegen
das Illerthal ein, an den Stationen Wilpolzried (Straße
über Thingau, Oberdorf nach Schongau) und Bezigau vor=
über zieht sie sich gegen die Iller, überschreitet sie auf kühnem,
115 Fuß hohem Viadukte, und lenkt in den schön gelegenen
Kemptner Bahnhof ein.

Von Kempten fährt die Bahn über die Stationen
Waltenhofen und Oberdorf am Inselsee vorüber nach der
Werdensteiner Ebene, zieht dann über Seifen am Illerufer
hin nach Immenstadt, durchläuft von da am Ufer des roman=
tischen Alpsee's das Konstanzerthal, übersteigt die Haupt=
wasserscheide (2556') und führt durch den 680 Fuß langen
Tunnel nach Staufen. Von hier wendet sich die Bahnlinie
nördlich, überschreitet bei Heimenhofen vermittelst des 181 Fuß
hohen, und 1800 Fuß langen Dammes den Renterhofer
Tobel, wendet dann über Dreiheiligen, Mekaz, Mutten nörd=
lich nach Hergaz, und führt über Stockenweiler und Schlach=
ters, einen großen Bogen über Weissensberg und Ober=
Reitnau beschreibend, an Schönau, Bobolz und Enzisweiler
vorüber nach Lindau.

Lange, ehe man (von Augsburg kommend) Kauf=
beuern erreicht, erfreut das Auge der in weiter Ferne
in kaum kenntlichen Umrissen schimmernde Gürtel der
majestätischen Alpen, und je mehr sich die Bahnlinie
der Wertach nähert, desto freundlicher gestaltet sich die
Gegend.

Die Hügel heben sich mehr und mehr und treten näher
heran; durch freundliche Auen zieht der Fluß seine Silber=
bahn, und jenseits desselben sieht man wehrhafte Gie=
bel und schlanke Thürme aus den Wipfeln der Bäume
ragen; rasch braust der Zug vorüber, flüchtig gleiten
die Blicke über die Häusergruppen hin — da tönt das
Zeichen, der Zug steht stille — wir sind in

Kaufbeuern *).

Vom Bahnhofe führt ein freundlicher Weg zur
Stadt, die sich trotz aller neuen Zuthat ihr reichs=
städtisches Aussehen noch recht wohl bewahrt hat;
hohe Ringmauern, mit schützenden Gräben davor,
wehrhafte Thürme umgürten sie, und oben auf dem
Berge schaut ein vielzinniger Wartthurm in's Land
hinaus. Die Hauptstraße, in welcher auch die prote=
stantische Kirche steht, gewährt einen angenehmen An=

---

*) Kaufbeuern, ehemalige Reichsstadt, 4180 Einwohner,
Stadtkommissariat, Landgericht, Rent=, Forst= und Zollamt,
Postverwaltung, Lateinschule, Gewerbschule mit 3 Cursen,
Buchhandlung, Buchdruckerei, lithographische Anstalt, Aktien=
Spinnfabrik mit 16,000 Spindeln, Flachsrösteanstalt, Wohl=
thätigkeitsanstalten, lebhafter Handel und Verkehr. — Gast=
häuser: Sonne, Hirsch, Wies.

blick; zur katholischen gelangt man durch eine Seiten=
gasse; diese Kirche ist von hohem Alter, das Innere
derselben wurde in neuerer Zeit restaurirt. Den Kunst=
freund müssen wir auf das Blasiuskirchlein auf=
merksam machen, das an der westlichen Seite der
Stadt auf hohem Hügel steht. Es wird daselbst vom
Sakristan ein Ecce Homo (angeblich von Holbein)
gezeigt; mehr möchten aber die Flügelbilder des alt=
deutschen Hauptaltares und die andern Gemälde, welche
die Versuchung des heil. Anton vorstellen und eine
kundige Hand verrathen, ansprechen. Vor dem alten
Kirchlein erfreut noch überdieß die schöne Aussicht gegen
die Gebirge und in's Thal der Wertach. Auf dem
Rückwege kommen wir an dem Kloster der seligen
Crescentia vorüber; demselben stehen Franziska=
nerinnen vor, die auch den Elementar= und Industrie=
Unterricht für die weibliche katholische Jugend ertheilen.
Die selige Crescentia, nach welcher das Kloster genannt
wird, war die Tochter eines Webers, Namens Höß
aus Kempten. Sie zeigte schon in ihrer Jugend be=
sondere Frömmigkeit, wurde Nonne, verrichtete viele
Wunder, und starb in dem Nimbus der Heiligkeit;
aber auch nach ihrem Tode ist sie wunderthätig, und
die ganze Umgegend wandert bei jeglichem Gebreste,
sei es des Leibes oder der Seele, zum „Kloster der gott=
seligen Crescentia“. Als die Franzosen in den neun=
ziger Jahren in Kaufbeuern waren, sollen sie großes
Wohlgefallen an den silbernen Herzen, Händen ꝛc. ge=
äußert haben, und manches schöne Stück mit ihnen
verschwunden sein; seit dieser Zeit aber hat der fromme
Sinn der gläubigen Wallfahrer die Lücken längst wie=

der ausgefüllt. Die untern Gelasse des Klosters zeigen noch die traulichen getäfelten Stübchen mit dem mächtigen Ofen und den kleinen Fensterchen, wie wir sie aus den Radirungen der altdeutschen Meister kennen. Kaufbeuern soll im neunten Jahrhundert durch einen Freiherrn von Hof gebaut und befestigt worden sein. Im Jahre 1240 wird die Stadt zuerst urkundlich erwähnt (Buron). 1377 wurde sie vom Herzog Friedrich v. Teck, wiewohl vergeblich, belagert; ebenso 1388 durch die Herzoge Friedrich und Stephan von Bayern. Den 23. Januar 1633 von den Schweden mit Sturm genommen, dann abwechselnd von Kaiserlichen und Schweden besetzt, mußte sie viele Drangsale erdulden; auch der Bann lastete 8 Jahre auf ihr, als sie es mit Kaiser Ludwig dem Bayer gegen Friedrich den Schönen von Oesterreich hielt. 1802 kam die Stadt an Bayern. Kaufbeuern soll der Geburtsort von Kunz von der Rosen, Kaiser Maximilian's lustigem Rathe sein.

Freundliche Spaziergänge führen um die Stadt, in deren Nähe ein beliebter Vergnügungsplatz, das „Tänzelhölzchen" sich befindet, wo alljährlich das Tänzelfest von Alt und Jung gefeiert wird.

Eine Stunde nördlich von Kaufbeuern liegt der Markt Irrsee, mit den Gebäuden des vom Markgrafen Heinrich von Ronsperg 1182 gestifteten Benediktinerklosters, welches seit 1849 zur Kreis-Irren-Anstalt eingerichtet worden ist.

Die Fahrstraße führt über Friesenried und Ebersbach (in dessen Kirche Marmordenkmale der Herren

von Werbenstein) nach Ober=Günzburg *). In
der geräumigen Kirche daselbst befinden sich Gemälde
des hier lebenden Kunstmalers Kaspar; außerhalb
ist an der Kirchenmauer ein römischer Votivstein (an=
geblich) für Merkur eingemauert. Auf dem Nikolai=
berge (gewöhnlich Kloseberg genannt) hatten die Römer
ein befestigtes Lager. Eine Stunde nördlich vom Markte
stand das schöne Schloß Liebenthann, in welchem
1525 die aufrührerischen Bauern den Fürstabt von
Kempten, Sebastian v. Breitenstein, gefangen hielten.
Nur durch einen demüthigenden Vertrag konnte er sein
Leben retten; Alles, was im Schlosse an Silber und
Kostbarkeiten, Urkunden, Büchern, grobem Geschütz und
Hackenbüchsen, Harnischen ꝛc. vorhanden war, fiel den
Bauern in die Hände, welche nach Abzug des Abtes
das Schloß niederbrannten. Von Ober=Günzburg
führt die Straße über Immenthal durch's sogenannte
Kronholz nach Börwang. Auf den Höhen daselbst
entwickelt sich eine wundervolle Rundsicht über den
Illergau und die Algäuer Alpen. In Börwang ist
ein gut eingerichtetes Gasthaus, das von Kempten aus
häufig besucht wird. Von hier führt dann die Straße
über Leubas und Keck weiter nach Kempten.

In Beziehung auf landschaftliche Schönheit der
Gegend ist der eben beschriebenen Fahrstraße der Vor=
zug zu geben; freundlich gelegene Dörfer längs des
Weges, wohlbebautes Hügelland, von Wäldern um=
säumt, über diese hinweg die Gipfel der fernen Alpen,
bieten dem Auge den freundlichsten Wechsel.

---

*) Ober=Günzburg, Markt; 1323 Einw., Sitz des k.
Landgerichts. — Gasthäuser: Hirsch, Post, Bären.

Von der Eisenbahnstation Biesenhofen haben wir der Seitentour über Oberdorf, Stötten und Roßhaupten nach Füssen zu erwähnen.

Oberdorf *) ist ein schöner Marktflecken; auf dem nahen Hügel erhebt sich ein Schloß, ehedem Sommerresidenz des Churfürsten Clemens Wenzeslaus von Trier, jetzt Sitz der königl. Behörden. Die Schloß= kirche enthält Gemälde des churfürstlichen Hofmalers Eberle, von hier gebürtig. Neben der Kirche sieht man ein schönes Denkmal von Kirchmayer, unter wel= chem die Gebeine des Churfürsten Clemens (Wenzes= laus) ruhen. Oberdorf ist der Geburtsort des gelehr= ten Benediktiners Karl Meichelbeck, als verdienstvoller bayerischer Geschichtsforscher bekannt.

Von Stötten kann der 3195 F. hohe Auerberg, dessen Scheitel eine Kirche schmückt, erstiegen werden. Die Aussicht auf der Kuppe des Berges ist vorzüg= lich schön. Den Weg über Steinbach (Poststa= tion) fortsetzend, gelangt man nach dem Dorfe Roß= haupten. Hier und am Auerberg soll sich der heil. Magnus der Sage nach längere Zeit aufgehalten und die Gegend, die von Lindwürmern, Schlangen und dergl. Gezücht arg geplagt war, befreit haben. In Roßhaupten ist der im vorigen Jahrhundert so berühmt gewesene Bildhauer Roman Boos geboren; von ihm sind die Statuen im Hofgarten zu Nymphenburg.

*) Oberdorf, Markt, 1071 Einw., Sitz des k. Landge= richts, Rentamts. — Gasthaus: zur Post. — Von Biesen= hofen nach Füssen 8½ Gehstunden. Von Oberdorf östlich über Bertholshofen nach Schongau, westlich über Unter= Thingau nach Kempten.

Kehren wir nach Biesenhofen zurück, das, wie die Orte Ebenhofen, Ruderatshofen, Aitrang, in freundlicher Ebene liegt, und verfolgen die Bahnlinie über Günzach, Wilpoldsried und Bezigau nach Kempten.

Sobald die Bahn das Wertachthal verläßt, wird die Umgebung einförmiger, und gestaltet sich erst wieder freundlicher, wenn sie sich von den Höhen gegen Wilpoldsried niedersenkt. Rechts erhebt sich der Wagegger Schloßberg mit den Ruinen des Wagegger Schlosses; einst Römerwarte, war es im Mittelalter der Sitz der mächtigen Marschälle von Wagegg. Zur Seite dehnen sich weite Moorflächen aus, alle einst vom großen Wagegger Weiher überdeckt, und im Hintergrunde schaut der Grünten, mit seinen blauen Kuppen grüßend in's Thal herein. In mannigfachen Windungen nähert sich die Bahn der Iller, donnernd rauscht der Convoi über die in schwindelnder Höhe über dem Wasserspiegel schwebende Brücke — und wir haben die Metropole des Algäu's — Kempten — erreicht.

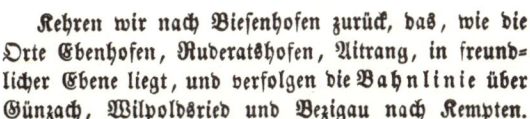

Kempten
und seine Umgebung.

Kempten *), im freundlichen Thalgrunde der Iller gelegen, bietet mit seinen an den Ufern dieses

---

*) Kempten, ehemalige Reichsstadt, 7856 Einw., königl. Stadtcommissariat, Stadtkommandantschaft, Kreis= und Stadtgericht, Landgericht, Rent=, Forst= und Hauptzollamt, Post= und Bahnamt, Obersalzfaktorie, Bauinspektion, Gymnasium und Lateinschule, Gewerbschule mit 3 Cursen, Privat=Erziehungsinstitute, schönem Distriktsspital, zwei Waisenhäusern,

2*

Fluſſes ſich hinziehenden Häuſerreihen einen lieblichen
Anblick dar. Das Thal iſt offen und weit, die Hügel=
reihen, ſanft anſteigend, mannigfaltig* geſtaltet, mit
Feld, Wald, Weilern und Einzelnhöfen reichlich ge=
ſchmückt. Im Hintergrunde ragen über grüne Vor=
berge in langer Reihe die Algäuer Alpen empor und
ſchließen das Bild in großartiger Weiſe. Die freund=
liche Lage fand auch im hohen Alter Geltung, da
ſchon Theodor, der Begleiter des heil. Magnus, Kemp=
ten „oppidum valde amoenum“ nennt. Damals lag
die Stadt zerſtört und verödet. Längſt ſchon waren
die Römer der Kampfeswucht der Suev = Alemannen
erlegen, und ihre Burg Hilarmont lag gebrochen im
Schutte. Unter den ſchwäbiſchen Herzogen erhob ſich
Stadt und Burg wieder aus ihren Trümmern. Der

<hr />

vielen Stiftungen und Wohlthätigkeitsanſtalten, Garniſonsort
des 1. Bataillons des k. b. 12. Linien=Infanterie=Regiments,
vielen zum Theil ſehr bedeutenden Bräuereien, lebhaftem
Groß= und Speditionshandel, Buchhandlung, Buchdruckerei
und Lithographie von Dannheimer und Köſel, Roll'ſche Buch=
handlung, vorzüglichen Fabriken (Aktien=Fabrik, Sandholz'ſche,
weiter oben an der Iller Honegger'ſche), Schachenmayr'ſche
Maſchinenpapierfabrik u. m. a. gl., erheblichem Holzhandel
auf der Iller, die außer den angeführten Etabliſſements die
neuerbaute Maximilians = Kunſtmühle und andere dergleichen
Werke in Bewegung ſetzt, ſchönem Theater, vielen geſelligen
Vereinen u. dergl. Sehr ſehenswerth iſt die Gemälde = und
Münzſammlung des Privatier Leichtle, welcher dieſelbe Frem=
den von Diſtinction mit Bereitwilligkeit zeigt. — Gaſthöfe:
Krone, Strauß (Poſt), Haſen, Hirſch. — Beſuchte Vergnü=
gungsorte: Haslach, Wang, Keck, Lenzfried, Mariaberg ꝛc.

Stiftung des Klosters durch die heil. Hildegard haben
wir Eingangs erwähnt. Lange Zeit übten die Aebte
die Oberherrlichkeit über die Stadt aus; ihre Vögte
saßen auf Hilarmont (Burghalde), 1289 erhielt sie
jedoch die Reichsfreiheit und kaufte sich 1525, die
damalige üble Lage des Stiftes wahrnehmend, unter
dem Abte Sebastian v. Breitenstein von allen Verbind-
lichkeiten los. 1530 wurde die Reformation eingeführt.
In dem dreißigjährigen Kriege mußte sie unsäglichen
Jammer erdulden; schwere Kriegsnöthen, Theuerung
und nachfolgende Seuchen entvölkerten die Stadt, die
sich nach so herben Schlägen kaum mehr zur alten
Blüthe aufzuschwingen vermochte; sie kam 1802 an
Bayern und war einige Zeit Sitz der Regierung des
Illerkreises. Die protestantische Altstadt und katholische
Neustadt (Stift) bilden jetzt Eine politische Gemeinde.

Die Hauptstraßen und Plätze, worunter vor-
zugsweise der Hildegardenplatz zu nennen ist, sind weit
und freundlich. Von Gebäuden erwähnen wir die
protestantische Kirche; sie wurde schon 869 erweitert; ihre gegenwärtige Gestalt erhielt sie 1767;
das Rathhaus, eines der ältesten Gebäude der Stadt,
wurde an der Stelle des alten hölzernen 1474 erbaut
und 1562 mit Malereien verziert. Altes Bau- und
Bildwerk, wie in andern ehemaligen Reichsstädten,
findet sich wenig, da in den Stürmen des 30jährigen
Kriegs nahezu Alles untergegangen ist. Die kátholische
Kirche (ehemals Stiftskirche) nebst der Residenz
(jetzt Sitz der königl. Behörden ꝛc.) wurde vom Fürsten Roman Giel 1650 in dem schwerfälligen Style
jener Zeit gebaut. Die Gemälde in der Kirche sind

von den fürstlichen Hofmalern Sing, Hermann
und Koneberg. Ein Bild, Christus am Kreuze, von
F. S. Lochbühler, ist in der unteren Galerie
der Kuppel aufgestellt; von dem nämlichen Künstler
sind im Vorgemache des Fürstensaales mehrere Ge=
mälde zu sehen, darunter ein großes, welches Heinrich
den Kemptner, Kaiser Otto rettend, darstellt. Im Für=
stensaale befinden sich die von Hermann und Koneberg
gemalten Bildnisse vieler Aebte; mehr als diese dürften
zwei große Bilder, welche Rubens zugeschrieben werden,
die Aufmerksamkeit des Kunstfreundes in Anspruch neh=
men. Das Innere des Schlosses ist im Rococostyl
ausgeführt.

An der Südseite der Stadt erhebt sich ein mäßiger
isolirter Hügel mit den Ueberresten der öfter erwähn=
ten Burg Hilarmont, jetzt Burghalde genannt. Die
Aussicht auf dieser Anhöhe ist ungemein schön: im
Süden die emporragenden Gebirge, in der entgegen=
gesetzten Richtung das freundliche Thal, von der Iller
durchströmt; rings auf den Höhen freundliche Ort=
schaften, da und dort ein Schlößchen, eine Kapelle, ein
emporstrebender Kirchthurm. In der Nähe nehmen die
Gebäude der Aktien= und Sandholz'schen Fabrik, die
kühne Eisenbahnbrücke, die Betriebsgebäude des Bahn=
hofes unsere Aufmerksamkeit in Anspruch. Hier schweift
das Auge über das Dächergewirre der Stadt, die sich
am Fuße des Hügels im Halbkreise hinzieht.

Der nördliche Theil der Veste enthielt mehrere
Wohngebäude, und war durch eine Mauer von dem
südlichen Burghofe getrennt; an den Seiten waren

starke Bastionen angebracht. Auf dem kleinen Hügel an der Südseite, Lützelburg genannt, erhob sich in alter Zeit (1063) ein Schloß, das mit der Burg durch eine Brücke verbunden war. Auf einer Erhöhung ist eine Steinsäule angebracht, auf welcher in kurzen Worten die Schicksale der Burg zu lesen sind *).

Noch haben wir der **beiden Heinriche**, die von ihrem Geburtsorte die **Kempter** genannt werden, zu erwähnen. Der eine davon, **Heinrich Ritzner**, altem Adel entsprossen, gewandt in allen Künsten des Ritterthums, rettete vor Monte San Lione dem Kaiser Otto, welchem die Welschen einen Hinterhalt gelegt hatten, das Leben.

Heinrich hatte, als einst am kaiserlichen Hof der Hofmarschall seinem Zöglinge, dem Söhnchen des Her=

---

*) Die Steinsäule trägt die Inschrift:

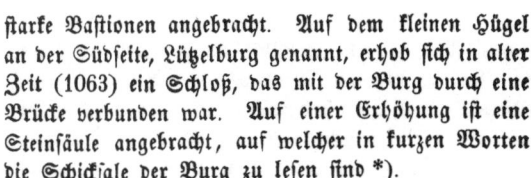

Römerburg,

Erbaut vor Christi Geburt.

Campodunum,

Burg Hilarmont —

Burghalde,

Sitz der Fürst - Aebte.

Von den Bürgern gebrochen

den 10. Nov. 1363,

Besetzt von den Kaiserlichen 1633,

von den Schweden

1646,

Befestigt von den Franzosen

1703,

zerstört von den Kaiserlichen

9. Juni 1705.

zogs von Schwaben eine Unbill zufügte, denselben in
jähem Zorne erschlagen. Als Kaiser Otto mit seinem
Gefolge das Gemach betrat und den Leichnam seines
Dieners im Blute schwimmen sah, ergrimmte er sehr
und schwur bei seinem Barte, die That mit furchtbarer
Strenge zu ahnden. Heinrich, dieß vernehmend, sprang
mit Blitzesschnelle auf den Kaiser los, zerrte ihn zu
Boden und drohte, ihm augenblicklich den Dolch in's
Herz zu stoßen, wenn er ihm, dem Thäter, nicht Gnade
gewähre; diese erhielt er, mußte aber fortan den Hof
des Kaisers meiden. Da fügte es sich, daß Heinrich,
als Dienstmann des Abtes zu Kempten, dem kaiser=
lichen Heerbanne nach Italien folgen mußte. Seit' ab
schlug er sein Zelt auf; er badete sich eben im nahen
Flusse, da vernahm er Waffenlärm. Allezeit kampfes=
freudig eilte er, nur mit Schild und Schwert bewehrt,
auf den Kampfplatz und wurde der Retter des Kaisers,
der ihm nun gänzlich verzieh und ihn reichlich beschenkte.
Ein Gemälde von dem hier verlebten Historienmaler
F. S. Lochbühler, das nebst andern am Eingange
in den Fürstensaal aufbewahrt wird, stellt diese Scene
in figurenreicher Composition dar.

Der andere Heinrich der Kempter, das Fin=
delkind genannt, ist der Stifter der St. Christophels=
Bruderschaft auf dem Arlberg. Als der Mair von
Kempten, sein Pflegevater, ihn nicht mehr nähren konnte,
ging er in die weite Welt. Da fanden zwei Priester
den weinenden Knaben am Wege, mit diesen ging
Heinrich bis an den Arlberg, wo er bei „Jackel über
Rhin" Schweinhirt wurde. Da sah er denn, wie den
Winter über viele Reisende und Pilgrime durch Schnee=

gestöber und Lawinen zu Grunde gingen, und er faßte sich ein Herz, Hilfe zu leisten; 15 fl. hatte er mit dem Hirtenstabe verdient; diese bot er demjenigen an, der auf dem Arlberg den Anfang machen wollte, daß nicht so viele Leute um's Leben kämen; sie lachten sein'! — Da machte sich Heinrich auf, baute eine Hütte und rettete gleich den ersten Winter sieben Menschen das Leben. Er errichtete die edle Bruderschaft zu St. Christoph auf dem Arlberg, und zog bettelnd in alle Länder. Viele Fürsten, Grafen und Herren weist das Bruderschaftsbuch unter den Wohlthätern der Stiftung auf (diese Urkunde befindet sich jetzt im Wiener Staats-Archive); St. Christoph aber, an vielen Kirchen und andern Gebäuden angemalt, dient zum Zeichen, daß hier in frommer Zeit wandernde Pilgrimme Obdach und Pflege erhielten.

Auch des Sehers Johann von Kempten müssen wir gedenken. Er war 1288 zu Kempten geboren; seine Aeltern hatten ihn, als er bei einem Sturze von hohem Gerüste wie durch ein Wunder am Leben blieb, seinem Namensheiligen zu Stams in Tyrol geweiht; er trat nachmals in dieses Kloster und versah einige Zeit die Pfarrei Nesselwang. Seine wunderbare Lebens-rettung hatte seinem Geiste eine schwärmerische Rich-tung gegeben; seine Weisheit und Frömmigkeit erzeug-ten beim Volke den Glauben, er besitze die Gabe der Weissagung; so kündete er den Tod des Kaisers Lud-wig des Bayern, der ihm während der Messe erschie-nen war, an; Johann starb 1350.

Es ist nun auch der freundlichen Umgebung der Stadt Erwähnung zu thun. Die sanft ansteigende Hügelkette, welche in weitem Bogen das Illerthal umrahmt, gewährt reichlich Gelegenheit zu den genußreichsten Ausflügen; jede Anhöhe bietet ein anderes Bild, jede Bergkuppe neuen Genuß. Insbesondere verdient der 1 Stunde westlich von der Stadt gelegene **Mariaberg** besucht zu werden. Die Rundsicht von dieser Höhe über das Illergelände und den majestätischen Zug der Alpen ist vorzüglich schön*). Auf der Anhöhe über dem Wirthshause am sogenannten Giffipil ist der geeignetste Standpunkt zur Umschau. Etwas nördlich von dieser Anhöhe ist ein tiefes, waldiges Tobel, dort stand vor vielen hundert Jahren ein Schloß, Karlsangst geheißen; es gehörte dem Abte Werner zu Kempten. Dieser ritt täglich von der Burg hinunter nach dem Kloster, dort die Messe zu lesen. Als eines Tages der Diener in des Abtes Gemach trat, um seinem Herrn zu melden, daß die Pferde bereit seien, lag dieser leblos am Boden — schwarze Vögel mit glühenden Augen und großen Krallen hackten ihm die Augen aus, und unter dem Volke verbreitete sich der Glaube, daß der Abt nicht mit rechten Dingen aus der Welt gekommen. — Von der Burg ist nur mehr Wall und Graben sichtbar.

Noch großartiger und umfangreicher ist die Aussicht vom **Blender** oder **Eschachberge**, welcher sich bei Wiggensbach erhebt. Ein angenehmer Fußpfad führt vom Mariaberg über Ermengerst und Rotzen

*) Panorama vom Mariaberg. Verlag von Dannheimer.

nach der 3333 F. hohen Kuppe des Berges. Unbeschreib=
lich schön ist der Anblick der in ununterbrochener Reihe
sich hinziehenden Alpenkette; von der Benediktenwand
in Oberbayern bis zum Säntis im Kanton Appenzell
ragen unzählige Kuppen in den mannigfaltigsten For=
men in den blauen Aether; das Algäu liegt gleichsam
zu den Füßen des Beschauers ausgebreitet, das Auge
schweift hinauf bis zu den Hochgebirgsthälern, die sich
in mannigfachen Windungen zwischen die Berge hin=
einziehen. Aber auch gegen das Flachland ist die Aus=
sicht reizend; eine Menge schöner Dörfer gruppiren
sich zwischen Wald und Feld zum freundlichen Bilde.
Selbst Memmingen, die alte Reichsstadt, das Schloß
Eisenburg, Kronburg, Schloß Zeil sind sichtbar; ein
duftiger Bogen ferner Höhen umspannt die nördliche
Aussicht, selten rein genug, um in den hie und da
auftauchenden hellen Punkten eine Kirche oder ein Dorf
erkennen zu lassen

Noch mehr westlich, bereits schon jenseits der baye=
rischen Grenze, erhebt sich der schwarze Grat bis
zu 3493 F. Meereshöhe. Der Besuch dieses Berges läßt
sich zu einer angenehmen Tagpartie gestalten. Ge=
wöhnlich wird bis Eichach gefahren, und von da das
Gefährt nach Eisenbach gesendet. Der Weg nach dem
Berge ist leicht zu finden und führt durch schöne Wal=
dungen; bald da, bald dort genießt man der freund=
lichsten Aussicht; an der Alphütte Wenger=Egg
vorüber erreicht man in kurzer Zeit die mit einem Jagd=
hause des Fürsten von Zeil gezierte Kuppe des Ber=
ges. Von hier aus überblickt man einen großen Theil
des württembergischen Oberlandes, fast die ganze Fläche

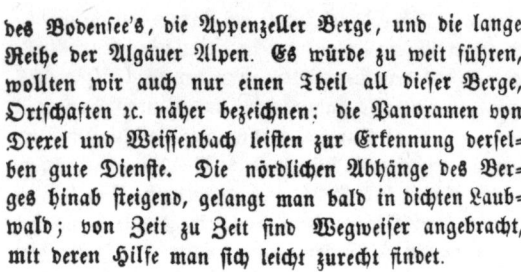

des Bodensee's, die Appenzeller Berge, und die lange
Reihe der Algäuer Alpen. Es würde zu weit führen,
wollten wir auch nur einen Theil all dieser Berge,
Ortschaften ꝛc. näher bezeichnen; die Panoramen von
Drerel und Weissenbach leisten zur Erkennung dersel=
ben gute Dienste. Die nördlichen Abhänge des Ber=
ges hinab steigend, gelangt man bald in dichten Laub=
wald; von Zeit zu Zeit sind Wegweiser angebracht,
mit deren Hilfe man sich leicht zurecht findet.

Bald ist, nachdem man den Wald verlassen, das
Kreuzthaler Strässchen erreicht und man gelangt nach
kurzer Strecke zuerst nach Kreuzthal (bayerisch) und
jenseits des Baches nach Eisenbach (württembergisch),
wo sich eine dem Grafen Quadt zu Isny gehörige
Glashütte befindet. Gewöhnlich wird der Rückweg
über die Glashütte Schmidsfelden durch das Kirnacher
Thal eingeschlagen. Dem Fußgänger ist zu rathen,
durch das innere Kreuzthal nach dem Ulmerthal hin=
auf zu steigen und sich durch's Goldach nach dem so=
genannten Kirnachhäuschen, einem Wirthshause, zu
wenden, wo die nach Kempten führende Straße wieder
erreicht wird.

Von den westlichen Höhen, die als Abendpunkte,
in den späteren Nachmittagsstunden die Land=
schaft am schönsten zeigen, haben wir noch den 3255 F.
hohen Stoffelsberg und den um 500 F. höhern
Hauchenberg anzuführen; beide, dem Zuge der Al=
gäuer Alpen am nächsten, zeigen dieselben in allen
ihren Einzelheiten. Die Fahrstraße führt über Wal=
tenhofen und Mömhölz an den Ufern des freundlichen

Inselsee's hin nach Niedersonthofen; (auch kann die
Eisenbahn bis Oberdorf benützt werden, um von dort
aus eben dahin zu gelangen.) Von Niedersontho=
fen gelangt man in einer Stunde auf die Spitze des
Stoffelsberges, um die Höhe des Hauchenberges zu er=
reichen, wird man zwei starke Stunden zu gehen haben.
Ein anderer schöner Weg, freilich etwas weiter und
nur dem Fußgänger zu empfehlen, führt von
Kempten über Wirlings durch den Wirlinger Wald nach
Hellengerst und von da über Ettensberg auf die Kuppe
des Stoffelsberges. In der Kirche zu Wirlings mag
der Kunstfreund die altdeutschen Schnitzwerke besehen.

Eine andere heitere Rundfahrt läßt sich über Krug=
zell, Dietmannsried, Ueberbach, Probstried,
Haldenwang und Börwang machen.

In Kruzzell ist eine freundlich restaurirte Kirche.
Außerhalb des Ortes führt ein Sträßchen links ab
nach den Marktflecken Altusried und Legau, welch'
letzteres der Hauptort des alten Niebelgau's war;
in dessen Nähe ist die Wallfahrt Steinbach und die
ehemalige stiftkemptische Probstei Lautrach, jetzt Er=
ziehungsanstalt.

Ein Seitenzweig der Straße führt über Kim=
ratshofen nach dem württembergischen Städtchen
Leutkirch, welches circa 2000 Einwohner zählt,
die sich von Handel, Gewerben, Landwirthschaft 2c.
nähren. In dessen Nähe liegt das Schloß Zeil. Die
Straße führt weiter über Arnach und Wolfegg nach
Ravensburg (württembergische Bahnlinie von Ulm nach
Friedrichshafen). Berühmt war in alter Zeit das frei=
kaiserliche Landgericht auf Leutkircher Haide. —

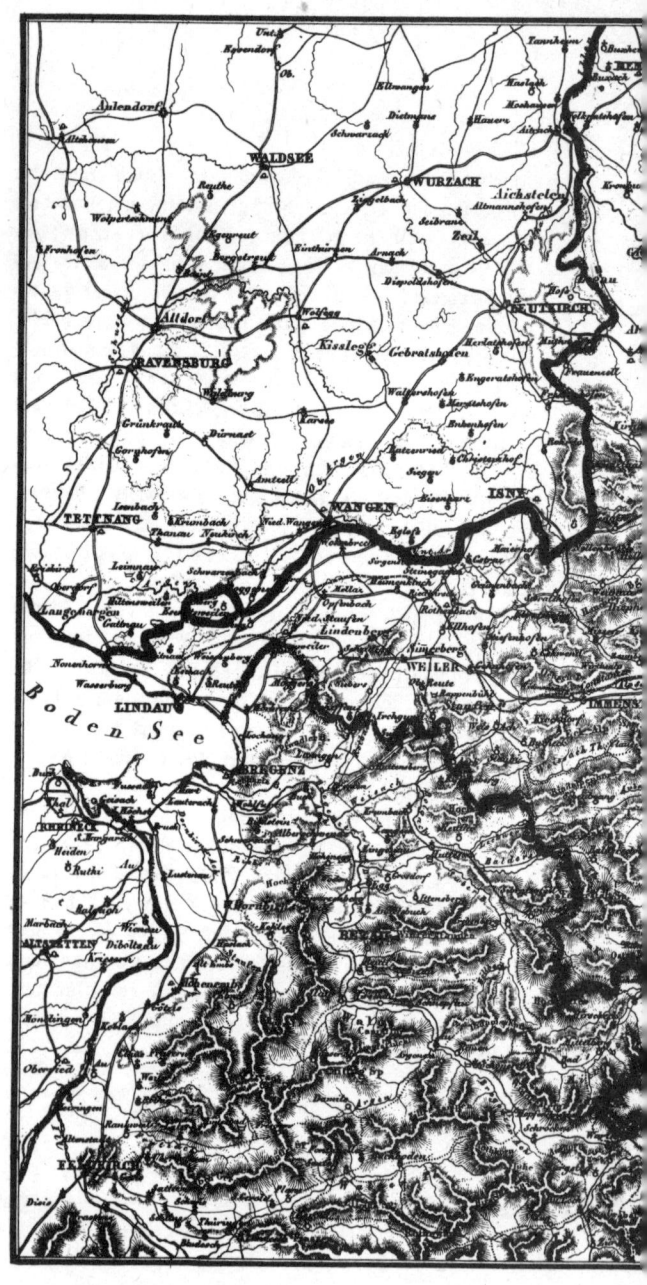

ᴅ Bregenzerwald

Setzen wir unsern Weg von Krugzell über Schwar=
zenbach nach Dietmannsried fort.

Auf der Straßenhöhe bei diesem Orte bietet sich
die lieblichste Aussicht; in neuer Gestaltung zeigt sich
hier das Illerthal. Die weiten von wogenden Korn=
feldern bedeckten Auen scheinen sich bis zu den in der
Ferne prangenden Bergen hinzuziehen; jemehr man
sich den Höhen bei Probstried nähert, desto reicher und
mannigfacher wird die Landschaft. Besteigt man von
Probstried aus die Anhöhen bei Todtenberg,
so wird man das ganze Illerbecken übersehen können;
die Aussicht von diesen Höhen ist sehr lohnend; es ist
das gleiche farbenreiche Prachtgewand, in welches die
Gegend gekleidet ist, doch neu angethan und gleichsam
anders drapirt; die Hügel treten weiter zurück, das
Thal ist weiter, ebener, die Gebirge sind ferner ge=
rückt, von zarten blauen Schleiern umwoben, duftig,
Sehnsucht weckend, einem lieblichen Frauenantlitz gleich,
das in der Erinnerung auftaucht und unser Herz mit
geheimnißvollem Zauber umfängt.

Hier hätten wir also das Illerbecken vor uns, das
einst ein großer See war, aus dem die höhern Hügel
wie Inseln hervorragten und das seinen Wasserüber=
schuß vermuthlich in der Richtung gegen Eichholz ab=
setzte und sich erst dann entleeren konnte, als eine tie=
fere, mächtigere Strömung den Durchbruch bei Reich=
holzried erzwang.

Der Fußgänger kann die Höhen entlang über Kind=
berg nach Börwang gelangen; die Fahrstraße führt
durch das Dorf Haldenwang, immer die freundlichste
Aussicht zur Seite, eben dahin. Haldenwang ist

von hohem Alter und kommt schon im 9. Jahrhundert
urkundlich vor. Es ist der Geburtsort des Professors
an der Akademie der bildenden Künste in München
Georg Hiltensperger. Bald ist Börwang er=
reicht, wo man füglich in dem gut eingerichteten Wirths=
hause Rast halten kann.

Wir nehmen unterdessen Veranlassung, von einem
weitern Ausflug nach Ottobeuern*), dem schönen
Stifte, und nach Memmingen, der ehemaligen Reichs=
stadt, zu reden. Die Hauptstraße führt nämlich von
Dietmannsried über Wolfertschwenden und Woringen
nach Memmingen; wir verfolgen sie bis Wolfert=
schwenden, halten dann den Straßenzweig rechts
ein und erreichen in zwei Stunden Ottobeuern.

Der Marktflecken Ottobeuern**) liegt anmu=
thig im Thale der Günz; auf einem Hügel, zu dessen
Füßen die Häuser des Marktes liegen, steht die schöne
Kirche des ehemaligen Benediktinerstiftes, an welche
sich die weitläufigen Gebäude der Abtei schließen.
Seit 1835 besteht hier ein mit der Abtei zu St. Ste=
phan in Augsburg verbundenes Priorat und Novi=
ziat. Die Kirche wurde 1737 durch Abt Rupert II.
erbaut.

Obwohl im französischen Geschmacke jener Zeit er=
baut, macht sie doch einen imposanten Eindruck und
kann, wie ein neuerer Besucher schreibt, „als architek=

---

*) Schöne Fußpartie über Börwang, Probstried, Hopfer=
bach nach Ottobeuern.

**) Ottobeuern, Markt, 1437 Einw., Sitz des kgl.
Landgerichts, Rent = und Forstamts, Postexpedition.

tonisches Monument, verbunden mit den Malerwerken im Innern, als eine Perle Schwabens und Bayerns betrachtet werden." Die Frescogemälde in der Kirche sind von den Brüdern Zeiler von Mindelheim. Bedeutsamer aber sind die Gemälde des Venetianers Jakob Amiconi, der (mit Tiepolo) nach Spanien ging und daselbst 1752 starb. Wir wollen den Kunstfreund insbesondere auf die ausgezeichneten Frescogemälde des Treppenhauses, der Prälaten und der Benediktus-Kapelle aufmerksam machen. Außer diesen sind von demselben Meister noch viele Bilder, leider oft nicht sehr gut erhalten, vorhanden. Die Gemälde des Kaisersaales sind von Studer aus Konstanz. Die Orgel, ein ausgezeichnetes Werk, zählt 77 Register und 4 Tastaturen. Eine Zierde der Abtei waren der als Astronom und Mathematiker berühmte Ulrich Schiegg († 1810) und die durch ihre Geschichtswerke über das Stift bekannten Conventualen Feyerabend und Bayrhammer.

Von Ottobeuern führt ein gutes Sträßchen über Beningen nach

Memmingen*).

Wie nur wenige Städte Schwabens hat sich Memmingen das reichsstädtische Aussehen bewahrt; die Stadt ist noch wohl versehen mit Thoren; Thürmen, Ringmauern und Wassergraben, und auch das Innere

---

*) Memmingen, 7600 Einw., Stadtkommissariat, Kreis- und Stadtgericht, Rent- und Salzamt, Postverwaltung; reiche Stiftungen, bedeutende Schranne, Großhandel, Stück- und Glockengießerei von Hermann, erheblichem Hopfen- und Getreidebau 2c.

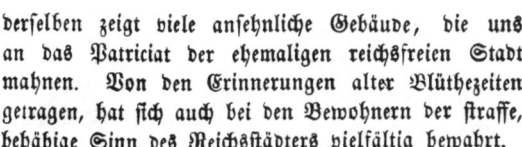

derselben zeigt viele ansehnliche Gebäude, die uns
an das Patriciat der ehemaligen reichsfreien Stadt
mahnen. Von den Erinnerungen alter Blüthezeiten
getragen, hat sich auch bei den Bewohnern der straffe,
behäbige Sinn des Reichsstädters vielfältig bewahrt.

Memmingen hieß ursprünglich Grünenfurth, wurde
1286 reichsfrei und erwarb sich von den nachfolgenden
Kaisern wichtige Privilegien. Es hatte sehr schöne
Stiftungen und mehrere Klöster. Memmingen war
eine der ersten Städte, welche sich zur evangelischen
Lehre bekannte. 1517 wurden die Bilder aus den
Kirchen entfernt, so daß das Sprichwort entstand:
„Die Memminger haben unserm Herrgott die Stadt
verboten." 1630 verweilte Wallenstein 4 Monate
hier und wurde von seiner Abdankung als kaiserlicher
Generalissimus überrascht. Den 28. Mai 1632 kam
Gustav Adolph, der Schwedenkönig, nach Memmingen; die Stadt mußte bald kaiserliches, bald schwe-
disches Kriegsvolk „einnehmen". Dennoch erhob sie
sich zu ansehnlicher Blüthe; sie hatte ein reiches Patriciat, welches in der „Geschlechterstube" seine
geselligen Zusammenkünfte hielt. 1620 entstand die
Zunft der Meistersänger. Gegen Ende des 17.
Jahrhunderts wurden hier viele Hexen verbrannt. Der
Landbau war innerhalb des „Stadtetters" beschränkt;
man durfte da weder Flachs, Rüben noch Erbsen
bauen. Der Memminger „Mau" ist wie die Kempter „Meise" ein Scherz, womit eine Stadt die andere
neckte.

In der Nähe ist der Ort Burach mit einem
Schlosse des Grafen Waldbott-Bassenheim und

Illerfeld mit dem Schloffe des gelehrten Frei=
herrn v. Lupin mit schönen Sammlungen.

Den Rückweg könnte man über das dem Freiherrn
v. Westernach gehörige, schön gelegene Schloß Kron=
burg, dann über Grönenbach und Reichholzried ꝛc.
nehmen.

In Grönenbach*) ist der Sitz des Landgerich=
tes in dem Bergschloffe, welches ehedem zum Stifte
Kempten gehörte. Auf einem Hügel dem Schlosse ge=
genüber liegt die katholische Kirche mit Denkmalen der
Herren v. Pappenheim und Syrgenstein; es sind Stein=
sculpturen aus den Jahren 1482, 1517 und 1519.
Neben der Kirche stehen die Gebäude des Bartholo=
mäusstiftes, von den Dynasten von Rottenstein
und Löwenstein gegründet. In der Nähe ist das
Bad Klevers. Bei Reichholzried, dem schön ge=
legenen Dorfe, lenkt die Straße, nachdem sie die Hal=
den hinabgestiegen, in die Hauptstraße ein.

Kehren wir nun nach dieser Abschweifung wieder
nach Börwang zurück und vollenden unsern Ausflug.
Auf dem Rückwege kommen wir bei Stielings an
der geschichtlich merkwürdigen Stelle vorüber, wo der
Sturmhaufe der aufrührerischen Bauern Herrn Jörg
dem Truchsessen Widerpart gehalten. Am 11.
Juli 1525 hatten sie in wohlgewählter Stellung auf
den südlichen Anhöhen Posto gefaßt. Ihr Haufe war
bis zu 23,000 Mann angewachsen; sie waren zwar
wohl bewaffnet, doch mangelte es ihnen an Kriegs=

*) Grönenbach, Marktflecken, 1935 Einw., königl.
Landgericht. katholisches und reformirtes Pfarramt.

bedarf und Lebensmitteln; sie hatten kriegskundige Füh=
rer, die an den welschen Kämpfen Theil genommen
und im Kriegshandwerk wohl Bescheid wußten. Ein
Versuch der Bauern, den Truchseß, der mit seinen
Reisigen und Fußknechten auf den jenseitigen Höhen
lagerte, in seiner Stellung zu umgehen, mißlang; den=
noch wagte Herr Jörg nicht, die Bauern, die sich in
guter Ordnung zurückgezogen hatten, anzugreifen. Da
kam Georg v. Frondsberg mit seinen Landsknech=
ten heran; — aber nicht in offener Feldschlacht wur=
den die Bauern besiegt — Verrath trieb sie ausein=
ander. Walter Bach, ihr oberster Anführer, von
Frondsberg bestochen, beredete sie zum eiligen Rückzuge.
Dem Bundesheere fiel das Geschütz und das ganze
Lagergeräth in die Hände. Die Bauern zogen sich
auf die Höhen des Kohlenberges bei Sulzberg,
wo noch jetzt die Spuren ihrer Verschanzungen sicht=
bar sind, zurück. Muthlos gemacht, ergaben sie sich
auf Gnade und Ungnade. Ihre Anführer wurden zu
Durach hingerichtet, die übrigen in ihre Heimath ent=
lassen.

An Leibas vorüber, der uralten Malstätte (wo
auch die Bauern 1525 ihr erstes Bündniß schlossen),
das wie Börwang ein besuchter Vergnügungsort ist,
gelangen wir über St. Stephan, zum „Reck" ge=
nannt), wo alljährlich am Osterdienstag der Emaus=
tag gehalten wird, nach Kempten zurück.

Wir müssen nun noch einen Ausflug nach den
westlichen Höhen bei Hochgreut und Bobels=
berg machen. Mittelst der Eisenbahn mag man bis

Bezigau fahren; wenn die Bahn bei dem sogenannten
Bachtelweiher ihre Krümmung zurückgelegt hat, sind
auf einer Anhöhe rechts zwei einzelne Bauernhöfe,
zur „Tanne“ genannt, zu bemerken. Hier wurde der
gelehrte Dr. Haneberg, z. Z. Abt zu St. Boni=
faz in München und Universitätsprofessor, geboren.
Von Bezigau, in dessen Nähe die Ruinen von
Schöneberg und Balbenstein liegen, führt das Sträß=
chen über Leiterberg und Möstenberg nach Hoch=
greut; dieses liegt 2119 Fuß hoch und gewährt
dem Besucher eine Aussicht der freundlichsten Art.
Diese Anhöhe ist nicht, wie angenommen werden will,
nur Morgenpunkt, d. h. daß die Aussicht nur am
Morgen schön ist, sondern da die Höhe einen Grat
(Greut) bildet, so ist die Aussicht eine doppelte; denn
während in der Frühsonne Tausende von Gehöften
und Weilern, die sich auf dem langen westlichen Höhen=
zuge lagern, erglänzen, vergoldet die Abendsonne das
weite Thal der Wertach, und besäumt mit ihren schei=
benden Strahlen die sich tief nach Oberbayern hinein=
ziehenden Berge. Gegen das Illerthal sind die tiefern
Partien durch Wald und Höhen gedeckt; im Wer=
tachbecken dagegen schimmern überall die Giebel der
Häuser zwischen dem Dunkel der Wälder und dem
Grün der Wiesen hervor. Dort draußen zeigt sich
Oberdorf mit seinem Schlosse, zur Linken die Orte
Thalhofen, Hattenhofen, Geissenhofen ꝛc.;
zur Rechten schimmert von blauer Höhe das Kirchlein
des Auerberges und weit drinnen, scheinbar bis am
Fuße der Gebirge, die Wallfahrtskirche zur Wies.
Seitwärts, aus den öden Moorgründen des Kempter=

waldes erhebt sich ein breiter Höhenrücken; es ist der 3004 F. hohe Bobelsberg, welcher fast die gleiche Aus= sicht bietet wie Hochgreut; nur gegen die Füffner und Pfrontner Berge zeigt er andere Partien. Von Hochgreut aus könnte man quer durch den Kempter Wald dahin gelangen; da sich aber der mit der Ge= gend weniger Vertraute nicht leicht zurecht finden möchte, ist es rathsamer, den Weg von Kempten aus über Durach, Oberhof oder Rothen und von da den Fußsteig durch den Wald, der leicht zu treffen ist, einzuschlagen, um dorthin zu gelangen. Den Rück= weg von Hochgreut mag man (Fußweg: über Dobels, Wolfenberger Mühle) über Wilpolzried nehmen, um von dort mittelst der Eisenbahn wieder nach Kempten zurück zu kehren. Auf dem Wege von Hochgreut nach Wilpolzried sind auf einer Anhöhe zwei lange gemauerte Bauernhäuser, die ganz von der Bauart der gewöhnlichen abweichen, zu bemerken; es sind die Wol= fenberger Höfe. Neben an in dem Waldschopf finden sich die Ruinen der Feste Wolfenberg, die 1525 von den Bauern zerstört wurde.

Wir werden jedoch von Wilpolzried unsere Fußwan= derung noch weiter fortsetzen und den Rückweg über Wagegg einschlagen. Kaum eine halbe Stunde von Wilpolzried erhebt sich der Wagegger Schloßberg, auf dem zum Schutze der von Augusta Vindelicorum nach Campodunum führenden Straße ein römischer Wart= thurm sich befand. Im zehnten Jahrhundert stand hier das Schloß des Stift Kempten'schen Vogtes Gott= fried v. Wagegg; die Familie bekleidete lange die Kempten'sche Marschallswürde. Im vorigen Jahrhun=

dert erbaute daselbst Abt Rupert v. Bodmann mit vie=
lem. Aufwande ein schönes Jagdschloß, welches der
Lieblingsaufenthalt dieses Fürsten war; jetzt sind nur
noch wenige Mauerreste davon sichtbar. Zu den Fü=
ßen des Schloßberges zog sich der große 800—1000
Tagwerke haltende Wagegger Weiher hin; jetzt größ=
tentheils für die Cultur gewonnen. Auf der Felsen=
spitze des Schloßberges genießt man eine sehr reizende
Fernsicht; besonders schön zeigen sich die Gebirgspar=
tien bei Pfronten, Reute und Lermos (Aggenstein,
Breitenberg, Roßberg, Gernspitze, Tauern, Zingerstein,
Gartnerwand ꝛc.); auch die Daumengruppe zeigt
sich hier am schönsten. Den fernern Rückweg über
Wuhr, Wettmannsberg und Reinharts einhal=
tend, gelangen wir, gemächlich dahin wandelnd, in
zwei Stunden nach Kempten.

Noch erübrigt es, der schönen Höhen im Süden
des Illerthales, des Rottach= und Kohlenbergs
Erwähnung zu thun.

Der 3300 F. hohe Rottachberg, der sich gleichsam
als lange Schutzmauer vor der Felsenfestung des Grün=
ten hinzieht, trägt auf seinem südöstlichen, steil abfal=
lenden Ende die Burg Rettenberg. Lange liegt
sie schon in Trümmern, dennoch sind ihre Reste im=
merhin nicht unerheblich; altersgraue mächtige Tan=
nen, die in jungen Tagen die Burg noch stolz be=
wehrt gesehen, und erzählen könnten von „Festen und
Hochgezitten“, umragen die Ruinen. Nicht ferne vom
Gemäuer der Burg haben sinnige Naturfreunde ein
schützendes Dach aufgerichtet, unter welchem man, be=
quem ruhend, in's weite schöne Thal, in die stolz empor=

ragenden Berge, blicken kann. Von Kempten erreicht
der Fußgänger diese Stelle in etwa 4 Stunden über
Oeschle, Ottakers, Lanzenberg, Riebis und
Vorberburg*); von da führt ein angenehmer, sanft
ansteigender Pfad zur Burghöhe. Die Burg war im
12. Jahrhundert Eigenthum der Ritter von Retten=
berg, deren Besitzungen sich von der Wertach und Rot=
tach am rechten Ufer der Iller bis in die Gebirge hin=
aufzogen. Die Herrschaft kam an zwei Erbtöchter,
Adelheid und Elsbeth, die sich in das Erbe theilten;
Elsbeth bekam die Burg und Herrschaft Rettenberg,
Adelheid die Burg Burgberg und das obere Gebiet.
Nach öfterm Wechsel kam die Herrschaft Rettenberg
an das Hochstift Augsburg, bei dem sie bis zur Sä=
kularisation verblieb.

Entzückt schwelgt das Auge in den Bildern, welche
hier die Natur in seltener Fülle und Mannigfaltigkeit
ausgebreitet hat. Südwärts schauen über grüne Höhen

---

*) Abkürzungen durch Fußwege können von dem Weiler
Haneberg nach Ottakers, von Riebis zur Rottach hinunter,
den Fußweg in südlicher Richtung verfolgend, gemacht wer=
den. Die Fahrstraße führt über Sulzberg, Geigers, Vor=
derburg.

In Vorderburg, wo früher ein bischöflich augsburgisches
Pflegamt war, ist ein gutes Wirthshaus. Von hier führt
das Sträßchen westlich über Rettenberg nach Burgberg, von
wo aus man nach Sonthofen, oder über Häusern und Rauhen=
zell nach Immenstadt gelangt; — südlich über Kranzegg und
Adelharz nach Wertach und östlich über Petersthal und Oy
auf die Kemptner=Füssner=Straße führen andere Verbin=
dungswege.

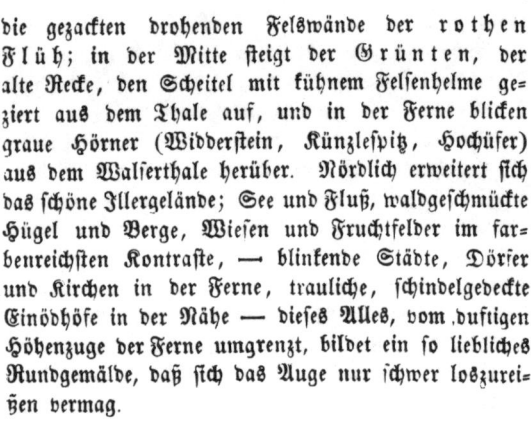

die gezackten drohenden Felswände der rothen Flüh; in der Mitte steigt der Grünten, der alte Recke, den Scheitel mit kühnem Felsenhelme geziert aus dem Thale auf, und in der Ferne blicken graue Hörner (Widderstein, Künzlespitz, Hochüfer) aus dem Walserthale herüber. Nördlich erweitert sich das schöne Illergelände; See und Fluß, waldgeschmückte Hügel und Berge, Wiesen und Fruchtfelder im farbenreichsten Kontraste, — blinkende Städte, Dörfer und Kirchen in der Ferne, trauliche, schindelgedeckte Einödhöfe in der Nähe — dieses Alles, vom duftigen Höhenzuge der Ferne umgrenzt, bildet ein so liebliches Rundgemälde, daß sich das Auge nur schwer loszureißen vermag.

Der Kohlenberg (Warenegg, Buch) bildet gleichsam die durch den Einschnitt der Rottach unterbrochene Fortsetzung des Rottachberges, zusammen die obern Partien des Eingangs erwähnten mittlern, sich nördlich ziehenden Hügelzuges darstellend.

Wenn wir diesesmal unsere Schritte nach den sonnigen Höhen des Kohlenberges lenken, können wir füglich einmal außer dem Lande auch dessen Bewohner betrachten, können einmal Einkehr halten in den schmucken Gehöften der Bauern und uns umsehen, wie's da gehalten wird in Haus und Feld, können dort wohl auch Nachfrage halten, wie sich's lebt in Freud und Leid in den Dörfern, auf den einsam stehenden Weilern und Höfen.

Wir wenden uns zunächst nach dem Dorfe Durach, das früher ein vielbesuchter Vergnügungsort der Kempter war. An dem Kirchthurme ist

das übel gerathene Bild des heil. Christophorus an=
gemalt; das Innere der Kirche ist vor einigen Jahren
freundlich restaurirt worden. Oberhalb Durach, im
sogenannten Bachtel, liegen die Ruinen der ehemaligen
Burg Schellenberg; auch diese erhob sich wie Wagegg
und das nahe Sulzberger Schloß auf den Substruc=
tionen eines Römerthurmes. — Wir verlassen in Durach
den Fahrweg (der über Eizisried nach Sulzberg
führt) und schlagen den Fußweg über Feuerschwenden
und Hochstetten ein. Auf diesem Wege können wir
unserm Vorhaben gemäß Stellung und Bauart der
ländlichen Heimathen, die im ganzen Illergau so ziem=
lich eines Schlages sind, näher betrachten.

In der Regel sind die Gebäude gegen Sonnenauf=
gang gewendet, um so vor dem „Hinter=Wind" (West=
winde) geschützt zu sein. Die ältern Gebäude sind
nieder und lang, selten ganz von Holz, sondern in Riegel
gemauert, mit flachen, weit vorspringenden, mit Steinen
beschwerten Schindeldächern gedeckt. Vor dem Hause be=
findet sich regelmäßig die Dungstätte von einer Lagune
eingefaßt, in welcher sich Enten und dergleichen Ge=
flügel ergötzen. Seitwärts steht die sprudelnde Brun=
nensäule, die ihren Lebensquell in einen schmalen, sehr
langen Trog ergießt; das ist nun nach der Ausdrucks=
weise des Bauers „lebigs" Wasser zum Unterschiede
von Gump= oder Zugbrunnen, die übrigens selten
sind. Die Baint, ein kleines Stück Grasfeld, gewöhn=
lich mit Obstbäumen bepflanzt, umgibt das Haus,
dessen längere Seite stets nach Süden gekehrt ist. In der
Nähe ist der Garten, nicht selten in der schönsten Un=
ordnung, eigens abgezäunt; mächtige Hauswurzstöcke,

3

Salbei, gelbe Veigelein (Lack), Rosmarin, Ringelblu-
men (an einigen Orten „Steigauf" genannt), müssen
zur Verzierung desselben beitragen. Den vorderen Theil
des Hauses nimmt „das Eingehäuß" ein; es hat
zwei Stockwerke und enthält die Wohnräume des Bauern und seiner Familie. Sehen wir uns im Innern
um. Manchmal führt ein langer hölzerner Gang, die
Füllesbruck, zur Hausthüre; durch diese betritt man
die Hausflur, deren Wände häufig mit mancherlei Ge-
genständen, Kleidern, Schellen, Geräthen u. dergl. be-
hangen sind; hier erhebt sich auch der einfache Feuer-
herd; eine Stiege führt in den obern Stock, eine Thüre
in den Stall, eine andere in die geräumige, zierlich
getäfelte Wohnstube. Bei vermöglichen Leuten ist dieselbe gemalt. Gewöhnlich in der südöstlichen Ecke
derselben steht der harthölzerne, reingefegte Tisch; in
der entgegengesetzten erhebt sich der mächtige, meistens
weiß übertünchte Back- und Stubenofen, um welchen
sich eine Faulbank die „Gautsche" zieht. In ältern
Gebäuden ist auch noch die „Leuchte", ein nettes Herd-
feuer, angebracht, und es gewährt einen gar traulichen
Anblick, wenn man bei dämmerndem Abend in diese
Stuben tritt, die Hausfrau, umringt von ihren Kin-
dern an der lobernden Flamme, die mit magischem
Spiel die Gruppe beleuchtet, walten zu sehen. Einige
Schränke, eine oder mehrere Schwarzwälder-Uhren,
Heiligenbilder u. dergl. vervollständigen die Ausstattung.
An der Stubenthüre ist das stets gefüllte Weihbrunn-
gefäß angebracht, über derselben die Zeichen der heil.
drei Könige C † M † B †. Neben der Stube befin-
det sich das „Gaden", — das Schlafgemach der Ehe-

leute, wo man noch manchmal die „Himmelbettstatt"
mit allerlei Malereien verziert, sieht.

Die vordere Stube im obern Stocke ist eigentlich
das Staatszimmer; hier sind die schönen Kleiderkasten
aufgestellt, da erhebt sich der Glasschrank mit allen
Raritäten, Gläsern, Tellern, Gefäßen, Rötheln (Wachs=
stöcken) 2c. angefüllt; da sind auch ein, bei vermöglichen
Leuten auch zwei „feirige" d. h. überzählige Betten
aufbewahrt. In der daranstoßenden Kammer schlafen
die „Fehlen" (Töchter, Mägde); die „Buebe" (Söhne,
Knechte) schlafen in der Bodenkammer oder über den
Ställen. Von der obern Hausflur, wo sich öfters
der Getreidespeicher befindet, führt eine Treppe auf die
„Bolledörre", den obern Dachboden.

Treten wir von der untern Hausflur in den Stall.
Hier ist der Stolz des Bauern, die „Habschaft",
untergebracht. Kühe, junge Rinder, Kälber 2c. Der
„Roßstand" ist entweder vorne im Stall, oder geson=
dert in den Schopf eingebaut. Aus dem Stalle führt
eine Thüre in die lange, holzgebohnte Tenne; in der=
selben unterscheidet man die „Heuschinde" (Heulage),
den „Ohmadboden" (Grummetlage) und das „Ober=
bür" oder Obertenne, welche zur Lagerung des Ge=
treidestockes hergerichtet ist. Das vordere Stadelthor
ist gewöhnlich roth gemalt und mit Adlern, Wappen
u. dergl. verziert. Der Schopf tritt zwar nieder aber
lang, gleichsam als eine Fortsetzung der Heuschinde
nach der vordern Hausseite rechtwinkelig vor; unter
demselben sind die Wagen, Geräthschaften, Holz, Torf,
ein buntes Durcheinander bildend, aufbewahrt. Manch=
mal ist wohl auch das „Leutemhäusle" (Leibge=

3 *

ding) oder der „Winkel" eingebaut. Das Haus
schließt der „Schild", die Rückwand aus Brettern.
Sind die Häuser ganz aus Holz gemacht, so werden
sie gewöhnlich „geschindelt", mit kleinen Schindeln
überkleidet.

Große Höfe*) halten im Illergau mit Einschluß
von Viehweiden, Waldtheilen ꝛc. hundert bayer. Jau=
chert und darüber; diese finden sich nicht in sehr großer
Zahl; die meisten halten zwischen 30—80 Tagwerken;
kleinere von 10—15 Jauchert heißen Sölden. Die Be=
stellung eines Gutes mit Kühen ꝛc. richtet sich nicht
nach der Anzahl der Jaucherte, sondern mehr nach der
Produktivität des Bodens an Heu und Grummet zur
Winterfütterung. Man nimmt an, daß der Futter=
ertrag von zwei Jauchert sehr guten Bodens (per
Jauchert zu 40 Ztnr.) zur Winterung einer Kuh hin=
reichend sei; dabei kommt noch in Betracht, daß neben=
bei „Gsod" (Häcksel) und Haberstroh gefüttert wird.

Die Felder zerfallen in „Heuet", Grasböden;
Aecker oder „Oesch", Getreidefelder; in Wiesen,
die nur saures Futter geben, und in Viehweiden.
Ergat (nicht Eggart) ist ein Stück Feld, welches man
„gruebe" d. h. ausruhen und längere Zeit aus der
Reihenfolge des Anbaues läßt. Ferner unterscheidet
man „kalte" (lehmige), „zehrige" (kiesige) und

---

*) Sehr fördernd für die Cultur des Landes war die
schon im 16. Jahrhundert begonnene und im vorigen Jahr=
hundert im ganzen Gebiete des Fürstenthums Kempten von
den Unterthanen durchgeführte Vereinödung der Güter. (Nähe=
res bei Haggenmiller, Geschichte der Stadt und gefürsteten
Grafschaft Kempten, Bd. II. S. 339 u. f.

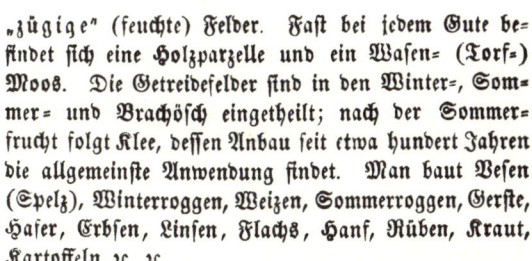

„zügige" (feuchte) Felder. Faft bei jedem Gute be=
findet ſich eine Holzparzelle unb ein Waſen= (Torf=)
Moos. Die Getreidefelder ſind in ben Winter=, Som=
mer= unb Brachöſch eingetheilt; nach ber Sommer=
frucht folgt Klee, deſſen Anbau ſeit etwa hundert Jahren
die allgemeinſte Anwendung findet. Man baut Veſen
(Spelz), Winterroggen, Weizen, Sommerroggen, Gerſte,
Hafer, Erbſen, Linſen, Flachs, Hanf, Rüben, Kraut,
Kartoffeln ꝛc. ꝛc.

Von Alters her haftet auf jedem ſolchen Anweſen
ein Hausname, unb ber gegenwärtige Beſitzer iſt nur
unter dieſem bekannt, bem gewöhnlich ſein Taufname
nachgeſetzt wird. Iſt z. B. ber Hausname „Biſch=
lager", unb ber jetzige Beſitzer heißt Narziß, ſo
wird er allgemein nur „Biſchlager's Naze" genannt;
auch auf Söhne unb Töchter des Hauſes wird dieſer
Gebrauch angewendet.

Im Winter hält ber Bauer ſeine Ferien; er liegt
zu Hauſe auf ber Gautſche, „ſchächtet" irgend etwas
im Hauſe ober geht zu Markt, fährt Holz u. bergl.;
auch bem Geigelſpiel wird im Winter fleißig ob=
gelegen.

Im Frühjahr, wenn es „ober" ſchneefrei wird,
rückt man in's Feld; ſobald es thunlich, bereitet man
zur Sommerſaat vor. Bei Allem, was man ſäet unb
pflanzet, wird auf ein gutes Zeichen, auf „über=
g'enbe" unb „unterg'enbe" Monb (b. h. wenn ber Monb
am niedrigſten unb höchſten durch ben Meridian geht)
geſehen. Sind bie Frühjahrsarbeiten beendet, ſo geht
man bis zum Beginn ber Heuernte in's Moos, um
Torf zu ſtechen. Die Heuernte beginnt nach Johanni,

und dauert je nach der Witterung 4—6 Wochen. Der
Der Gebrauch der „Hoenze", 6 Fuß langer Stecken
mit 3 Quersprossen, an welche das Futter bei schlechter
Witterung aufgehängt wird, schützt dasselbe vor Ver=
derben. Nachdem man das gute Heu eingebracht, wer=
den die oft weite Strecken einnehmenden Wiesen ge=
mäht. Nach und nach reift das Getreide; Ende August
beginnt der Schnitt; die Ohmad=Ernte kommt gewöhn=
lich auch dazu, und dann gibt's alle Hände voll zu
thun. Vom dämmernden Morgen bis in den späten
Abend wird unausgesetzt gearbeitet; bei dieser strengen
Arbeit wird aber auch reichlichere und bessere Kost als
gewöhnlich gereicht; um 10 Uhr Morgens und Nach=
mittags 3 Uhr wird überdieß „Unding", gewöhnlich
in Bier und Brod bestehend, gehalten. Eigenthümlich
sind einige Mehlgerichte, die man Sähbrei, Stopfer,
Brents, Krazat ꝛc. nennt. Jedesmal wird vor und
nach dem Essen gebetet. Ist die Wintersaat beendet
und ganz „eingewonnen" d. h. Alles eingebracht
worden, und endlich auch noch der Flachs geröstet,
geschwungen (unter Flächslereibe versteht man eine
kleine Gabe, welche Vorübergehende, von den Schwin=
gerinnen angerufen, diesen reichen) und gehächelt, so
sind die Arbeiten im Freien beendet; nun beginnt
man das Getreide zu dreschen, das mit der „Pflegel=
henke" endet. Nach den strengen Tagen des Herb=
stes folgen die Freuden der „Kirbe" (Kirchweih). In
jedem Hause wird nach Möglichkeit gebraten; gesotten
und gebacken, und was dem Vertilgungskampfe des
Kirchweihtages entging, wird unfehlbar an der Nach=
kirchweih verzehrt. Die Kirbe bringt auch dem jungen

Volke die Freuden des Tanzes. Die alten ehrbaren
Tänze, wie die sieben Sprüng' und der sanfte Schlei=
fer, sind wie die alten Trachten, ganz verschollen; auch
der sogenannte offene Tanz wird seltener; dafür tanzt
man Polka und Schottisch.

Ein Bauer von ächtem Schlage, wie man sie noch
manchmal sieht, ist eine recht stattliche Erscheinung:
ein schwarzer, langhaariger, in der Mitte von einer
goldenen Troddel eingeschnürter Hut, unter dem der
Zipfel einer seidenen Welschenkappe hervorschaut, be=
deckt den Kopf, ein feiner, schwarzer Manchester=Rock,
ohne Taille bis an die Fußknöchel reichend, ein rothes
Leible mit schweren Silberknöpfen, feine, schwarze, hirsch=
lederne Hosen bis zum Knie, weiße Zwickelstrümpfe
und silberbeschnallte Schuhe bilden seinen Anzug. Bei
schlechtem Wetter wird über das „Häß" der „Kotze",
ein viereckiges Stück weißen, sehr derben Wollenzeu=
ges, in der Mitte mit einer Oeffnung versehen, durch
welche der Kopf gesteckt wird, und der die ganze Ge=
stalt talarartig umhüllt, getragen; es ist das Nämliche,
was die Mexikaner „Poncho" nennen. Eine silberbe=
schlagene Ulmerpfeife, schwere silberne Uhrgehänge ge=
hören gleichsam zur Vervollständigung des Anzugs.
Dem Bauern steht die Bäuerin in ihrem Feier=
tagsgewande würdig zur Seite: Eine große goldene
Radhaube umgibt nimbusartig das Haupt, ein schwer=
seidenes goldbefranztes Halstuch schlingt sich leicht um
den Hals und hängt in langen Zipfeln über den Rücken
hinab; ein seidener Spenser und Rock, eine Schürze
von gleichem Stoffe vollenden den Anzug. Neben der
Goldhaube ist auch die „Bayerhaube", eine

niedere Pelzmütze mit goldenem Bödchen, üblich. Das
junge Volk hat sich von der alten eigenthümlichen
Tracht abgewendet; früher war bei den Mädchen die
„Schneelhaube", ein großes Rad bildend, allge=
mein, jetzt ist sie fast ganz verschwunden; das „leicht=
fertige Häß" der Städte hat überall Eingang gefunden.

Bei Hochzeiten treten noch manche eigen=
thümliche Züge hervor, die wir in Kürze hier anfüh=
ren wollen.

Haben sich die Brautleute und deren Angehörige
verständigt, so folgt die „Stuhlfeste" (gerichtliche
Ehepakten), welche gewöhnlich mit einem kleinen Mahle
gefeiert wird; hiebei erscheint die Braut stets schwarz
gekleidet. Das Anfahren des Brautfuders, dem
will man sich nicht „lotschig" finden lassen, stets
eine Brautkuh folgen muß, gibt zu einem weitern
Freudenfeste Veranlassung. Ist Alles zur Hochzeit vor=
bereitet, Verwandtschaft und Nachbarschaft geladen, so
versammeln sich am Hochzeittage die zum Kirchzuge
Geladenen im Hause der Braut oder des Bräutigams,
wo die Morgensuppe eingenommen wird. Man betet
einige Zeit und zieht hierauf zur Kirche. Beim Aus=
tritt aus der Stube bricht die Braut vom Salz=
steine. Den Zug eröffnet die Bestjungfer und der
Bestjunggesell, nach ihnen folgen Ehrenvater und Ehren=
mutter, dann die Braut mit dem Brautführer, diesem
folgen paarweise Verwandte und Freunde und am
Schlusse des Zuges der Hochzeiter und seine Begleiter.
Ist man von der kirchlichen Feier in's Wirthshaus
zurückgekehrt, so macht der Brautführer 2c. mit der
Braut die „Ehrentänze"; nach Beendigung dersel=

ben folgt das Mahl, welches bis zum Abend dauert. Ist dieses vorüber, so erscheint der „Abdanker", der in salbungsvoller Rede Zeit und Ewigkeit, Essen und Trinken, Gegenwart und Zukunft unter einander mischt; hierauf folgt das „Gaben". Ehrenmutter, Ehrenvater und Braut sitzen an einem Tische, wo die Hochzeit= gäste ihre Gaben in eine bereit stehende Schüssel legen und dafür vom Weine, den der Beistungsgesell dar= reicht, Bescheid thun; damit ist denn die eigentliche Hochzeit beendigt; der Tanz dauert gewöhnlich noch die ganze Nacht hindurch.

Manches andere, aus hohem Alter stammend, hat sich in Glauben und Gebräuchen erhalten; wir führen das „Muetas" (Wuodan's Heer), das in unheim= licher Winternacht durch die Lüfte fährt, das Fun= kenbrennen, Salz= und Kräuter=Boschen wei= hen, den Glauben an Truden u. vergl. an.

In sprachlicher Beziehung läßt sich die Wahrneh= mung machen, daß die Verschiedenheit der Idiome ziemlich genau mit der alten Gaueintheilung zusammenfällt.

In der ehemaligen Heimertinger Mark (von Dietmannsried nördlich) ist schon mehr schwäbische Ausdrucksweise gebräuchlich, westlich von den Höhen bei Hellengerst, die den Argengau von dem Iller= gau schieden, und südlich von Martinszell, wo der Al= pengau begann, hört man die alten alemannischen Laute in einer derben Mundart. Zwischen Wertach und Lech (Keltensteingau) läßt sich ebenfalls eine Verschiedenheit des Dialektes wahrnehmen. Zunächst ist es die ver=

schiedene Aussprache des au und ei, welches den Ober=
länder von dem Bewohner des Illergaues unterscheidet.
Während der erstere die genannten Sylben consequent
ou und ei spricht, sagt der letztere allerdings wohl
auch Hous = Haus; nouf = hinauf; Hout = Haut;
Eifer, eitel, Eis; daneben aber Gaist, Gaifer, Haide,
Laiter (Geist, Geifer, Heide, Leiter); ferner Taufe,
Rauch, Auge, hauen ꝛc. Noch wollen wir einige
Worte, wie sie dem Dialekte dieser Gegend eigen sind,
hier folgen lassen: Bloug = schüchtern; schlemms = seit=
wärts; dure = hinüber; hofele = langsam; waible
= schnell; feand = vorigen Jahres; barme = gedei=
hen; kähl = häßlich; kähle = eckeln; bölle = weinen;
nächt = gestern; gome = Haus hüten; krätig = ver=
drossen, reizbar; gree = fertig; keie = verdrießen;
Keiat = Verdruß; Grind = Kopf; Gosche = Mund;
piebe hat die Doppelbedeutung: Schmerz empfinden
und etwas im Schrank ꝛc. aufheben; knaiste = seufzen;
Gutter = Flasche; hährze = klettern; Dope = Pfote;
z'leis = ungesalzen; gloischte = glimmen; dann die
Schimpfworte: Kog (Gog?), Kramp (Caramba?),
Läffes (Lepros) ꝛc. ꝛc.

Unter diesen Auseinandersetzungen haben wir unsern
vorläufigen Haltplatz, das marktberechtigte Dorf Sulz=
berg erreicht. Es ist freundlich gelegen; rings um
die Kirche gruppiren sich ansehnliche Wohnhäuser, über
deren Dächer zur Linken grüne Halden aufsteigen, an
denen hie und da kleine Weiler hängen; seitwärts
öffnet sich ein weiter Wiesgrund, aus dem ein bewal=
deter Hügel ansteigt, der die Reste eines alten Schlosses
trägt; ferne Anhöhen, von denen hie und da eine

Kirche, ein Gehöft herab blinkt, schließen den Grund,
und drüben heben sich die blauen, schönen Berge.

In der Kirche sieht man ein schönes Gemälde des
algäuischen Künstlers Müller von Görisried. In einer
Seitenkapelle gegen Süden befindet sich ein altdeutscher
Altar, der Sage nach aus der ehemaligen Schloß=
kapelle der nahen Burg hieher gebracht; im Fenster
der Kapelle ist ein kleines Glasgemälde, das Wappen
der Freiberge vorstellend, angebracht. Zwei andere
Gemälde, welche im Langhause der Kirche hängen,
sind von Maler Weiß in Immenstadt.

Etwa eine halbe Stunde nordöstlich von hier an
den Abhängen bei Unterbuch, liegt das Bad Sulz=
brunn mit zwei jodhaltigen, reichlich fließenden Quel=
len; dieselben sollen schon den Römern bekannt gewesen
sein und zur Benennung des Ortes Sulzberg Veran=
lassung gegeben haben.

Von Sulzberg nach der Höhe des Kohlenber=
ges führt ein Fußpfad, der, anfangs einem Bächlein
entlang, nach und nach über Hügel und Halden in
mäßiger Steigung hinanklimmt.

Oben auf der Höhe ist ein Bauernhof, von Bäu=
men umgeben, unter deren Schatten wir uns nieder=
lassen wollen; gerne ist der Besitzer des Hauses bereit,
Besuchern Milch, Butter u. dergl. zu verschaffen; er
ist auch im Besitze eines trefflichen Fernrohrs und der
Gegend wohl kundig, und stets bereit, Fremden an die
Hand zu gehen. Tritt man aber zu ihm in die Stube,
so wird man überrascht sein, ein Piano dort zu finden;
denn es gehört jedenfalls zu den neuern Entdeckungen,
daß die Algäuer Bauern, 3000 Fuß über dem Meere,

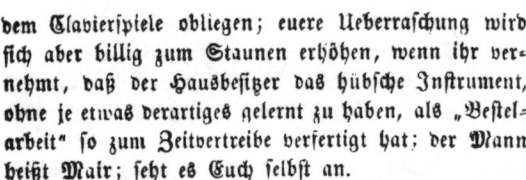

dem Clavierspiele obliegen; euere Ueberraschung wird
sich aber billig zum Staunen erhöhen, wenn ihr ver-
nehmt, daß der Hausbesitzer das hübsche Instrument,
ohne je etwas derartiges gelernt zu haben, als „Bestel-
arbeit" so zum Zeitvertreibe verfertigt hat; der Mann
heißt Mair; seht es Euch selbst an.

Nun hinaus in's freudige Reich der Natur; da liegen
ja die schönen Auen ausgebreitet, aufgeschlagen wie ein
Buch, das die Natur, die unerschöpfliche Meisterin, mit
lieblichen Zeichnungen aufs reichlichste ausstaffirt hat.

Dort drüben sehen wir die Höhen, von denen
unser Auge seewärts schaute, die sanftgerundeten Hügel,
wo der Berge Bild uns entzückte.

Der schwarze Grat, der Hauchenberg, der Blender,
sie scheinen alle so nieder, so weich geformt, die ganze
Gegend so mild, daß man ganz vergißt, so nahe am
Fuße der Hochgebirge zu weilen. Nirgends gestaltet
sich die Ansicht des Illerthals so lieblich wie von
dieser Höhe. Was nützt es, wenn wir sagen, daß
freundliche Seen da und dort aus den grünen Hügeln
hervorschimmern, daß die Silberfurche des Flusses in
tausendfältigen Windungen durch die Gefilde zieht, daß
ragendes Gemäuer gebrochener Burgen von der Vorzeit Tagen künden, daß Stadt und Dorf, Weiler und
Einödhöfe, sich hier und dort zum lieblichsten Einzeln-
bilde gestaltend, die Gegend so wohnsam und traulich
machen? Es ist Alles nur ein schwacher Ausdruck
dessen, was hier das Auge erfaßt.

Wandelt man auf der Höhe in nordöstlicher Richtung fort, so gelangt man an der Burgstelle Waxeneck
vorüber nach dem Weiler Oberbuch, von wo aus der

Rückweg über Bad Sulzbrunn und Durach einge=
schlagen werden kann.

Wir wenden uns jedoch von Kohlenberg *) nach
Greut, einem einzelnen, an dem nach Sulzberg füh=
renden Sträßchen stehenden Hause. Hier sind noch
die Linien der Verschanzungen sichtbar, welche 1525
im unheilvollen Bauernaufstand aufgeworfen wurden;
hier war es, wo die letzten Reste der Algäuischen Hau=
fen sich auf Gnade und Ungnade ergaben, dreißig ihrer
Anführer an den in Durach lagernden Truchseß Georg
v. Waldburg auslieferten, der sie schonungslos ent=
haupten oder aufknüpfen ließ. Auf dem Wege nach
Sulzberg wären die in ihrem Verfall noch schönen
Schloßruinen, die vom nahen Hügel aus dunkeln Tan=
nenwipfeln emporragen, zu besuchen. Ehedem eines
der schönsten Schlösser des Illergaues, war es Sitz
des Stift Kempten'schen Pflegamtes Sulzwolkenberg.
Es ist an der Stelle eines Römerthurmes erbaut; die
Weiler Albis und Känels (Albus, Canale), die in
der Nähe sind, deuten ebenfalls auf römischen Ursprung.
Als die ältesten Besitzer kommen 1176 Hermann und
sein Bruder (milites de Sulzberg) vor. Später kam
die Burg an die Schellenberge und Freiberge und
zuletzt an das Stift Kempten.

Der Rückweg von Sulzberg nach Kempten kann
über Oeschle und Weidach genommen werden.

---

*) Dem Fußwanderer ist auch der Weg von Kohlenberg über
Moosbach und Petersthal und von da über die Halden bei
Ober=Reite nach Wertach zu empfehlen; weiter kann er dann
in's Tjannheimerthal und Hinselang oder der Starzlach ent=
lang an der Südseite des Grünten nach Burgberg gelangen.

Wir haben jetzt unsere Ausflüge in Kempten's Um=
gebung vollendet, und wollen uns nun mehr dem
obern Illerthale, dem Algäuer Hochlande zuwenden.
Wir haben bisher die sanft ansteigenden Höhen der
Vorgebirge, die freundlichen dazwischen ziehenden Thäler
besucht; nun wollen wir von den hohen Felsenwarten
der Hochgebirge in's Land hinaus schauen, wollen den
Wundern nachspüren, welche die Natur bald in heiterer,
bald in finsterer Laune da und dort aufgestellt hat.
Vorher müssen wir aber der von Kempten nach Lindau
führenden Straße, die freilich, seit die Eisenbahn bis
zum Bodensee geht, von Fremden wenig mehr benützt
wird, gedenken.

Von Kempten führt die Straße nach Buchen=
berg. Außerhalb des Ortes bemerkt man zur Rech=
ten eine Kapelle, zum Andenken an den Tod Walters
v. Hohenegg, Stift kempten'schen Vogtes und seiner
Schaar, die hier im Kampfe mit einem Haufen Schwei=
zer unter Jörg Böck, Buiger zu Kempten, unterlagen.
Hat man auf der Höhe der Klamm die Wasserscheide
überschritten, so lassen sich links von der Straße in
einem Torfmoore die Reste von einer Römerstraße
wahrnehmen. Durch ein Defilé, das Wenger Tobel,
windet sich die Straße hindurch und führt nach dem
hübschen Dorfe Wengen; hier ist die Kirche, vor
wenig Jahren neu gebaut und mit hübschen Altären
und Gemälden geziert, sehenswerth. Außerhalb Wen=
gen bemerkt man die Ruinen des Schlosses Alt=Trauch=
burg, des einstigen Stammschlosses der Grafen von
Behringen=Nellenburg.

Bei der Poststation Nellenbruck theilt sich die

Straße; links führt ein Straßenarm durch's bayerische Gebiet nach Lindau. Bei Seltmanns mündet das Weit= nauer Thal in denselben ein. Der Marktflecken Weit= nau zählt 1477 Einw., er gehörte früher zur österrei= chischen Herrschaft Hohenegg und kam dann an Bayern. In diesem Thale (Waltrams) war die Familie v. Hund= biß ansäßig, deren Ahnen häufig schon in der ältesten Geschichte dieser Gegend vorkommen; ein Werner v. Hundbiß war Deutsch = Ordenskomthur auf Mainau; noch sollen Nachkommen dieser Familien, unadeligen Stammes, in der Gegend leben. Eine römische Ver= bindungsstraße soll von Weitnau über die Höhen nach Akams und von dort an die Iller nach Laubenberg geführt haben. Ueber Sibratshofen, Ebratshofen, Rö= thenbach und Niederstaufen führt die Straße nach Lindau.

Von Nellenbruck rechts führt der andere Straßen= zweig nach dem württembergischen Städtchen Isny, königl. Oberamts Wangen. Isny war ehedem reichs= frei, und erhielt durch Kaiser Rudolph seine ersten Privilegien. 1802 kam es in den Besitz des Grafen Quadt = Wikerat und 1806 an Württemberg; es zählt etwas über 2000 Einw. Die Stadt wurde öfters durch Feuersbrünste verheert, von denen der Brand am 14. Sept. 1631 zweihundertvierzig Häuser in Asche legte, wie noch ein altes Gedicht klagt:

„Ach weh des Jammers und Elendt
Vier Frawen und vier kleine Kind'
Sampt vieler schönen Gebewen guet
In fünf Stunden lag in fewers gluet."

Ein hübscher Vergnügungsort ist der Rain; zu

erwähnen sind noch die Fabriken des Hauses Sprin=
ger und die Peitschenfabrik von Spieler.

Von Isny führt die Straße an dem, dem Fürsten
Windischgräz gehörigen Schlosse Syrgenstein vor=
über nach Wohnbrechts und dann weiter über Weisens=
berg nach Lindau. Etwa eine Stunde von Wohn=
brechts liegt die württembergische Oberamtsstadt Wan=
gen, das Vemania der Römer; früher reichsfrei, kam
sie zu Anfang dieses Jahrhunderts an Württemberg;
sie hatte früher ansehnliche Besitzungen und war eine
kaiserliche Malstätte. In der Hauptkirche ist ein sehr
schönes Bild des württembergischen Hofmalers Gegen=
bauer (aus hiesiger Gegend gebürtig) zu sehen.

Das Algäuer Oberland.

Schnaubend verläßt das nimmermüde Dampfroß
den schön gelegenen Kemptner Bahnhof, um uns in
raschem Laufe an den Fuß der Hochgebirge zu bringen.
Bald ist die erste Haltstelle, Waltenhofen, erreicht; zur
Rechten sieht man das Dorf Waltenhofen; in dessen
Nähe, am Ufer der Iller, ist die alte Kirche zu Rauns
bemerkenswerth, welche am Thurme die Jahreszahl
1215 trägt. Rauns hatte eigenen Adel, und 940 war
Ludwig von Rauns Abt des Klosters zu Kempten.
Zwischen Waltenhofen und Herzmanns schneidet die
Bahnlinie die Straße und lenkt in eine sich immer
anmuthiger entwickelnde Gegend ein; links schauen die
Felsenspitzen des Grünten herein, rechts breitet der lieb=
liche Niedersonthofer See seinen Wasserspiegel aus.
Hier auf dem kleinen Hügel, von den Wellen des See's

befpült, ragt eine altersgraue Mauerſäule, der einzige
Reſt eines ehem. fürſtlich kempten'ſchen Schloſſes, empor.
Die Sage erzählt hierüber Folgendes: Zur „Fürſtens-
zeit", als die geiſtlichen Herren hier am See dem edlen
Waidwerk und Federſpiel oblagen, wurde einſt bei einem
Gelage im Schloß viel ungeiſtliche Kurzweil getrieben;
da zog ein Ungewitter daher, Feuergarben flogen durch
die Luft, des See's Wogen hoben ſich aus ihren Tiefen, als wollten ſie Alles verſchlingen, eitel Stank
erfüllte die Luft und gräßliches Geheul ließ ſich ver-
nehmen. Im Schloſſe, im abgelegenſten Kämmerlein
lag ein frommer Mönch, der am Gelage nicht Theil
genommen, auf den Knieen; der hat es endlich „ver-
betet"; der Böſe wich, — denn der war es — und
hatte es dießmal auf die ganze Sippſchaft abgeſehen
gehabt. Seitdem lag das Schloß verödet; im Grunde
des See's aber ſollen große Schätze ruhen. Der See
breitet ſeine Waſſer in drei Becken aus, mißt 352 Tagwerk und ſtand vermuthlich in vorgeſchichtlicher Zeit
mit dem Waltenhofer Weiher (jetzt Torfmoor) in Verbindung. Das Oertchen, das dort in grüner Bucht
liegt, iſt Niederſonthofen; in der dortigen Kirche
iſt ein hübſches Frescogemälde des algäuiſchen Malers
Kögel von Oberdorf, des langjährigen Gehilfen Nä-
hers bei Ausſchmückung des Schloſſes in Weimar, zu
ſehen. Von Niederſonthofen, das man von Waltenhofen über Kuhne und Mömhölz erreicht, führt ein
die mannigfaltigſten Genüſſe bietender Weg, über die
Abhänge des Hauchenberges hin, nach Miſſen, in
deſſen Kirche ſich Gemälde von dem ehemaligen Pro-
feſſor Hauber befinden. Von Miſſen führt ein Sträß-

chen über Zaunberg nach Immenstadt. Weit genuß=
reicher ist die Fortsetzung des Weges über Niederhofen,
Geratsried, Trabers und Mutten nach Staufen; es ist
so schön auf jenen Höhen, man schreitet wie in Alpen=
gebieten dahin, und dennoch sind Weiler und Höfe längs
des Weges genug zu treffen; bald zeigt sich eine Aussicht
in's Gebirg, bald eine andere in's Flachland. In
Geratsried ist der oben erwähnte Historienmaler Joseph
Hauber, zu Anfang dieses Jahrhunderts Professor an
der Akademie der bildenden Künste zu München, geboren.

Ein anderer, ebenfalls sehr genußreicher Weg führt
von Niedersonthofen über die Bergstätte Gopprechts,
Freibrechts und Akams (römische Grabhügel am Göh=
lenbühl) nach der Burg Rottenfels bei Immenstadt.

Zur Linken von der Station Oberdorf liegt nahe
an der Iller das marktberechtigte Dorf Martins=
zell. Hier war Mathias Waibel einige Zeit Pfarrer;
er war es, der 1525 gegen den unversöhnlichen Hoch=
muth der Gebieter eiferte, die Bauern aber von jeder
Gewaltthätigkeit abmahnte; dennoch wurde er beim
schwäbischen Bunde als der Hauptanstifter des Auf=
standes angeklagt; man bemächtigte sich seiner durch
List und Gewalt, und ließ ihn durch den Profoßen
Achelin, „den letzten Wissenden des westphälischen Ge=
richtes" bei Leutkirch an einem Baume aufknüpfen. Bei
St. Wolfgang auf der Haide wurde er begraben; das
Volk verehrte ihn wie einen Heiligen, wallfahrtete zu
seinem Grabe, nahm Erde davon und schrieb ihr wun=
derbare Heilkräfte zu. In Martinszell kam zwischen
dem Abte von Kempten und seinen Unterthanen der
erste Vertrag zu Stande (Oct. 1525).

Seithalb von Martinszell stehen auf einem Hügel, von der Iller umflossen, die Ruinen der Burg Langeneck. Die Ritter von Langeneck gehörten zu den ältesten Abelsgeschlechtern des Kempten'schen Landes. Zur Zeit des Schwedenkrieges soll ein Theodor von Langeneck Oberstlieutenant der deutschen Leibgarde in Madrid gewesen sein. Georg von Langeneck mußte 1525 die Burg an die aufrührerischen Bauern übergeben, die eine Besatzung hineinlegten. Seit 1734 diente das Schloß zum Correctionshaus und wurde 1810 auf Abbruch verkauft.

Von Oberdorf senkt sich die Bahn allmählig zur Werdensteiner Ebene. Rechts dehnen sich Moorflächen aus; von den westlichen Höhen glänzen die Kirchlein von Eckarts und Akams nieder, in den weiten Wiesenflächen liegen die Orte Zellers, Seifen, Tanners zerstreut, und ganz oben steht man den grauen Thurm des Dorfes Stein. In der Nähe von Eckarts stand einst die Burg der mächtigen Herren von Werdenstein, jetzt kaum mehr an einigem alten Gemäuer kenntlich.

So rasch auch der Zug über die Ebene hinwegrauscht, erfaßt das Auge dennoch die prächtige Berglandschaft, welche sich gegen Süden öffnet. Es ist die schöne Daumengruppe vom Breiteberge und der Rothspitze bis zum Geishorn, welche sich hier zeigt und an welche sich noch manche kühne Spitze, aus den obern Thälern aufsteigend, anreiht. Rasch fliegt der Zug an den Felsenabhängen des Laubenberges hin, und da liegt auch schon, zu Füßen hoher, dunkel bewaldeter Berge, das Städtchen Immenstadt.

Immenstadt
und seine Umgebung.

Seit Immenstadt*) durch die Bahnlinie in den großen
Verkehr gezogen worden, ist es in den Sommermonaten
sehr belebt; täglich kommen Fremde an und gehen,
viele weilen längere Zeit hier. In Gast= und Privat=
häusern findet man für mäßige Preise gutes Unterkommen.

Den Hauptplatz des Städtchens ziert das ehemals
gräflich königseck = rothenfelsische Schloß, jetzt Sitz der
königl. Behörden. Die Kirche enthält Gemälde von
Drexel und Weiß (algäuischen Künstlern aus der Lan=
ger'schen Schule). Immenstadt erhielt unter Friedrich III.
1473 die Stadtrechte; es war Hauptort der montfort'=
schen Herrschaft Rothenfels, die nachmals durch Kauf
an die Grafen von Königseck überging. 1804 kaufte
Kaiser Franz die Herrschaft, welche 1806 durch den
Preßburger Frieden an Bayern kam. Früher wurde
ein sehr lebhafter Handel mit Leinwand getrieben; um
durch Güte des Fabrikats Preise und Absatz zu erhal=
ten, war eine eigene Schauanstalt errichtet, wo die
Stücke geprüft und dann mit dem Schauzeichen mar=
kirt wurden. 1635—39 herrschte hier eine verheerende
Krankheit. Da soll ein Geistlicher den Rath gegeben
haben, durch Tanz und Spiele den gesunkenen Muth
des Volkes zu heben; so entstand der Pesttanz, der
bis in's vorige Jahrhundert alljährlich gehalten wurde.

*) Immenstadt, Stadt, 1499 Einw., Sitz des königl.
Landgerichts, Rent= und Forstamts, Salzfaktorie, Kapuziner=
kloster, schöne Pfarrkirche, Spital und Krankenhaus. — Gast=
häuser: Post, Lamm, drei Könige.

Das Kapuzinerkloster ist 1652 vom Grafen Hugo von Königseck gestiftet. Am 24. April 1844 zerstörte ein Brand einen großen Theil des Städtchens; den 1. Mai 1853 wurde der neue Bahnhof eröffnet.

Ueber die freundliche Umgebung des Städtchens ist schon anderer Orten mit Recht viel Rühmliches gesagt worden; denn Thal, Hügel und Berge bieten in Nähe und Ferne die heitersten Partien, so daß es selbst bei längerm Aufenthalte nicht an Abwechslung gebricht.

Ein schöner Spaziergang führt nach der Zollbrücke. Neben an erheben sich aus schattenreichem Laubwald die Ruinen des ehemaligen Schlosses von Laubenberg= stein; früher der Ansitz der Edlen v. Laubenberg, die sich Ritter von Wagegg und Laubenberg nannten, kam Burg und Laubenbergisches Lehen, als der Lauben= bergische Mannsstamm erloschen, durch Heirath an die v. Pappus, die sich nun Pappus von Trazberg, Frei= herrn v. Laubenberg nannten. In der Kirche zu Stein sind mehrere Grabdenkmale Derer v. Laubenberg zu sehen. Die Burg, schon lange in Trümmern liegend, gewährt, auf dem dunkeln Grunde der Berge sich scharf abhebend, einen malerischen Anblick.

Insbesondere Jenen, welchen Zeit und Umstände nicht gestatten, einen der nahen Berge zu besteigen, ist der Besuch des sogenannten Tautphäusköpfchens zu empfehlen; einer Anhöhe, die sich über Mummen und Ettensberg erreichen läßt und eine liebliche Aussicht in's Ober=Illerthal gewährt. — Ein freundlicher Spa= ziergang führt nach den nahen Burghöhen von Rothen= fels. Zwei Burgen schauten von diesen Höhen in's Thal; von der einen, Rothenfels, ist nur mehr ein mit Schießscharten versehener Thorbogen, von der andern, Hugofels, noch die Reste der Eckthürme übrig. Rüh=menswerth ist die Aussicht gegen die Gebirge; die röthlich schimmernden Gipfel des Geis= und Rauh=horns, die mannigfaltigen Zacken und Grate des Dau=men heben sich so schön vom blauen Himmel ab! Von den gefurchten Felsenkegeln ziehen schmale grüne Strei=fen nieder, breiten sich aus und umkleiden mit frischem Grün die niederen Berge, die einen so lieblichen Con=trast zur starren Felsenstirne der Hochgebirge bilden.

Westlich zieht sich das freundliche Konstanzer Thal hin; aus frischem Wiesengrün glitzert der Spie=gel des Alpsee's, mäßige Anhöhen, überall von Wei=lern, Höfen und Alphütten belebt, umfangen das Thal, und durch's grüne Thal braust die Eisenbahn, trotz des alten Algäuer Bäuerleins, der, als man ihm erzählte, wie man dahinüber bald mit dem Dampf=wagen bei Tag und Nacht, Winter und Sommer fahren könne, ungläubig ausrief: „dös ka bigott gär it sy!"

Den Rückweg wollen wir über Bühl, den Wall=fahrtsort, nehmen und auf dem Wege dahin Einiges aus der Geschichte von Rothenfels und seiner Herren erzählen. Ein mächtiges Herrengeschlecht in Schwa=ben und am jungen Rheine reich begütert, die Grafen von Starkenfels oder Montfort, wie sie sich nannten, erwarben im 13. Jahrhundert Rothenfels und bauten neben der alten eine neue Burg. Graf Haug von Montfort erwarb 1311 Schloß und Herrschaft Stau=fen, durch Tausch und Kauf mit den Bischöfen von Augsburg und den Herren v. Heimenhofen erweiterten sich die montfortischen Besitzungen im Algäu, so daß

sie von Staufen durch's Konstanzer Thal am linken Iller=
ufer bis zum Widderstein geboten; 1566 kamen diese
Besitzungen an die Freiherren v. Königseck, die nach=
mals in den Grafenstand erhoben wurden und ihren
Sitz nach Immenstadt verlegten, wodurch die Burg
Rothenfels in Verfall kam. Nicht immer glimpflich
von ihren Gebietern, den Grafen von Montfort und
Königseck, behandelt, hatten sich die Bauern schon 1464
gegen ihre Herrschaft erhoben. 1597 lehnten sich die
„obern Pfarreien" auf; man tagte zuerst auf den
Hügeln bei Agathazell, übergab dann eine 200 Klage=
punkte enthaltende Schrift beim kaiserl. Reichshofrath,
entschlug sich alles Gehorsams und übte mancherlei
Neckereien und Gewaltthätigkeiten aus. Die Sache
wurde jedoch durch eine kaiserl. Commission beigelegt.
Allein der Haß hatte tiefe Wurzeln geschlagen; denn
als eines Tages Georg v. Königseck nach Gunzesried
reiten wollte, wurde er vom Pferde geschossen; in der
Wunde fand man eine — silberne Kugel. — Die spä=
tern Wandlungen im Besitz der Herrschaft kennen wir
bereits.

An den lieblichen Ufern des Alpsee's (er liegt um
107 Fuß höher, als der Insel= oder Niedersonthofer
See und hält 380 bayer. Tagwerk) hin, wandeln wir
nach den freundlichen Hügeln von Bühl. Die eine
der beiden Kirchen ist 1665 von Graf Hugo von Rothen=
fels erbaut; unter der Stephanskirche ist die St. Sal=
vatorskirche eingebaut. Bühl ist eine sehr besuchte
Wallfahrt, und das Innere der Lorettokapelle ist mit
unzähligen Votivtäfelchen überhangen. Der hier auf=
bewahrte türkische Roßschweiß wurde von Graf Sigis=

mund v. Königseck bei Belgrad erbeutet; eine Stand=
arte, die gegenüber hängt, wurde bei dem Sturm auf
Kaschau 1691 erobert und durch den königseck'schen
Amtmann Hoffmann hier aufgehängt. In dem Gar=
tenlokale des nahen Wirthshauses, wo man gute Be=
wirthung findet, genießt man der freundlichsten Aus=
sicht. Wir betreten auf unserm Rückwege die von
Immenstadt nach Staufen führende Straße, machen
noch auf die Verbindung über den Stirner nach Missen
und von Rothenfels (Fußweg) über Akams nach Nieder=
sonthofen aufmerksam, besehen in der Nähe des kleinen
Loch'ee's die Schwedenschanzen, wo ein Haufe Bauern
unter Anführung eines Grafen von Röttigseck eine
Abtheilung Schweden in den See gesprengt haben soll
(die Trophäen dieses Sieges sahen wir zu Bühl in
einer Anzahl Fahnenstangen), und erreichen in einem
Stündchen Immenstadt.

Eine weitere Thalfahrt wollen wir nach Staufen
hinaus unternehmen. In rascher Wendung führt uns
die Bahn an Bühl vorüber; theils am, theils im See
führt sie in sanfter Steigung zur Wasserscheide empor,
durchrauscht den Tunnel und hält in Staufen. Die
wenigen Minuten von Immenstadt hieher werden durch
die Betrachtung des hübschen Konstanzer Thales ge=
kürzt; gleich am Eingange desselben scheint sich alles
Freundliche des Thales zusammenzufinden. Dort die
malerischen Schloßhöhen von Rothenfels, hier die
niedliche Gruppe von Bühl, der glitzernde Wasserspie=
gel des Alpsee's, in den sich die sonnigen Alpenhöhen
zu tauchen scheinen, weiter hin die Ortschaften Rath-
holz, Konstanzer, Knechtenhofen. Die stillen Weiler

und Einöden, die zwischen den dunkeln Streifen der Tannenwälder hervorblinken, dieses Alles, im heitern Wechsel vorüberziehend, fesselt und erfreut das Auge. Hat man aber oben zu Staufen den Waggon verlassen, so ergötzt die Blicke ein anderes Bild. Die lieblichste Aussicht nach den Bergen des vordern Bregenzerwaldes und in's heitere Thal der Weißach erschließt sich hier dem staunenden Auge.

Staufen ist ein hübscher Marktflecken, zählt 1346 Einw., hat eine Schranne, mehrere Märkte, und da es nahe an der Grenze und in einer Gegend liegt, wo wenig Getreide gebaut, dagegen aber der Käsehandel sehr lebhaft betrieben wird, so ist hier stets ein reger Verkehr. Eine Zierde des Marktes ist die geräumige Kirche mit einem Altarblatt von dem geschätzten Maler Sing. Es bestand hier ein von Graf Hugo v. Montfort 1328 gestiftetes Kanonikat mit einem Probste und sechs Priestern, welches 1810 aufgelöst wurde. Die Herrschaft Staufen kam von Marquard v. Schellenberg 1311 an die Grafen von Montfort, welche dieselbe 1567 an die Freiherren v. Königseck verkauften. Das Schloß Staufen wurde mehreremal durch die aufrührerischen Bauernhaufen zerstört; jetzt ist an der Stelle desselben eine Brauerei erbaut. 1680 brannte der Ort bis auf drei Häuser ab. Staufen ist der Geburtsort des Jugendschriftstellers Th. Nelk, sowie der rühmlichst bekannten Optiker März und Mahler in München.

Ein schöner Ausflug von Staufen ist nach dem schon im österreichischen Gebiete gelegenen 3107 F. hohen Sulzberg zu machen; die prachtvollste Aus-

4

ſicht gegen die Gebirge des Algäu's, Bregenzerwaldes, gegen die Appenzeller Berge, den Bodenſee und die ſchwäbiſche Ebene bietet ſich hier.

Der Eiſenbahnlinie von Staufen bis Lindau iſt bereits oben (S. 21) gedacht worden. Wir müſſen hier auch noch den Straßenzug erwähnen, der über Simmerberg, Scheidegg, Niederſtaufen nach der Inſel= ſtadt führt; dieſer Weg, obwohl nicht die großartige Pracht der Hochgebirge zeigend, iſt doch nicht ohne liebliche Partien, namentlich wenn man den durch öſter= reichiſches Gebiet führenden Weg über .Hohenweiler und Hörbranz einſchlägt.

Der Straße nach gelangt man von Staufen in drei Stunden nach Weiler: der Marktflecken iſt Sitz des königl. Landgerichts, hat ein Schloß, eine freund= liche Kirche und zählt 710 Einw. In der Nähe iſt das Rappenbühler Bad. Das königl. bayer. Landge= richt Weiler, welches öſtlich an das Landgericht Im= menſtadt, ſüdlich an Oeſterreich, nördlich an Württem= berg grenzt und hinaus bis in's Weitnauerthal reicht und etwas über 20,000 Seelen zählt, hat größtentheils hügeliges, mehr zur Viehzucht und Milchwirthſchaft als zum Getreidebau geeignetes Land. Neben den Erträgniſſen der Landwirthſchaft gibt namentlich der Betrieb der Strohflechterei, die Verfertigung von Gei= ſelſtäben, Rebſtecken, Weberei und Weißſtickerei den Bewohnern Verdienſt. Erwähnenswerth iſt der Ort Lindenberg mit 1000 Einw. Hier werden eine Menge Strohhüte (Florentiner und gewöhnliche) fa= brizirt und ein ſchwunghafter Handel mit dem In= und Auslande damit betrieben.

Das Gericht Weiler (Weiler, Wilar, der Ort kommt schon 894 urkundlich vor) war in älterer Zeit in montfortischem Besitze, kam als die Montforte einen großen Theil ihrer oberländischen Besitzungen veräußerten, 1523 an die Herzoge von Oesterreich und 1805 durch den Preßburger Frieden an Bayern und verblieb auch dann, als die übrigen vorarlbergischen Aemter an Oesterreich zurückgegeben wurden.

Ehe wir unfern Rückzug nach Immenstadt beginnen, müssen wir noch das Sträßchen, welches über Ach und Springen nach Krumbach und Hüttisau im vordern Bregenzerwald führt, erwähnen; es läßt sich durch einen Seitenweg, welcher hinter Springen links einlenkt, durch einen Theil der Rüffensberger Gemeinde und durch ein wild romantisches Tobel der Bolgenach nach Krumbach führt, nicht unwesentlich kürzen.

Bisher sind wir gemächlich im Thale gewandelt; nun wird es sich nicht anders machen lassen, als daß wir einmal eine Alpenfahrt versuchen. Dort erhebt sich der Vater Grünten, hier ladet der Stuiben zur Besteigung ein. Grünten und Stuiben sind alte Rivale; da man jedoch den Grünten in neuester Zeit mit einem Hotel versehen, wo man Alles findet, was den Leib erfreut und die Seele zufrieden machen kann, — eine Sache, die gewöhnlich schwer in's Gewicht fällt — so ist ihm auch der Sieg im Streite nicht abzusprechen. Der Grünten ist überdem weit im Flachland (Ulm, Augsburg, München) sichtbar; durch seine charakteristische Gestalt leicht kenntlich, hoch genug, um eine großartige Umschau zu gewähren, steil genug, um

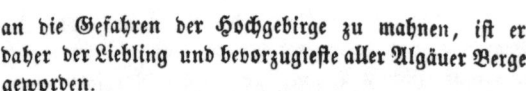

an die Gefahren der Hochgebirge zu mahnen, ist er
daher der Liebling und bevorzugteste aller Algäuer Berge
geworden.

Wir wollen also zunächst unsere Schritte diesem
Berge zuwenden, um nach unserer Rückkunft auch eine
Wanderung nach dem Stuiben zu unternehmen.

Auf unserm Wege nach dem Dörfchen Burgberg,
das hart am Fuße des Grünten liegt, kommen wir
jenseits der Iller zunächst nach dem Dörfchen Rauhen-
zell, dem Freiherrn von Pappus gehörig. Links im
Walde soll ehemals die Burg Altlaubenberg gestanden
haben. Bei dem Weiler Häusern erfreut das Auge
die weite schöne Berglandschaft; links in den Torf-
mooren bei Agathazell wäre die „hülze Stroß“, d. h.
Knüppelweg zu besehen, welcher, wahrscheinlich aus
der Römerzeit stammend, von einer 5 F. tiefen Torf-
schicht überlagert ist; die Balken sind noch fest und
zeigen die Spuren starker Benützung. In Burgberg
finden sich leicht Führer; aber auch ohne solchen ist
der Pfad längs des Bergbaches, „Wuest“ genannt,
leicht zu finden. Anfangs ist der Weg, wie die Algäuer sagen, etwas „ruch“ (rauh), sobald man aber
weiter oben die Weidgründe der Gundalpe betritt, wird
er angenehmer und nach zweistündigem Steigen erreicht
man das „Hotel Grünten“. Dieses ist vor wenig
Jahren von C. Hirnbein an der Stelle der frühern
Gundalphütte erbaut und enthält freundliche Räume;
man findet da allen Comfort, und die Preise sind im
Verhältniß zu andern derartigen Anstalten mäßig.

Der Grünten erhebt sich ganz isolirt in breiten
Massen aus dem Thale; seine untern Seiten, die ge-

gen Often fanft abbachen, während die Weftfeite in
zwei fteile Vorfprünge endet, bedecken zahlreiche Alpen.
Die höchfte Kuppe, das Uebelhörnle, erreicht nach
Lamonts Meffung 5364 F. Meereshöhe; das Gaft-
haus liegt 650 F. tiefer. Von den weftlichen Ausläu-
fern, welche das Gunbalpthal einfchließen, heißt der
nördliche Grat die Plattenfchwand (mit dem
Siechenkopf und der Kreuzfpitze), der füdliche
die alte Stuhlwand.

Am Fuße der füdöftlichen Seite befindet fich der
Maximiliansftollen, wo auf Eifen gegraben wird und
vorzüglich fchöne Verfteinerungen zu Tage kommen.

Nun aber auf die Kuppe. Ein gebahnter Pfad
führt hinan; fchon bei der erften Etape, wo fich der
Steig hart am Grate hinzieht, ift der Eindruck ein
überrafchender. Oben find zwei Spitzen: Hochwart
(zum Schutze gegen den Wind mit einem Häuschen
verfehen) und Uebelhörnle mit einer Pyramide geziert; man möge den Gang nach diefer nicht fcheuen,
denn erft hier rundet fich die Fernficht ab und gelangt
zum vollftändigen Ausdruck.

Wie fchön ift es hier oben! Schön am dämmernden Morgen, wenn der Gluthball der Sonne fo maje-
ftätifch heraufzieht, wenn das Thal fich hellt und die
Nebel in die engen kalten Gebirgsthäler fliehen, wenn
die Berge fich im zarten Hauch des Morgens röthen!
Faft noch fchöner am Abend, wenn alle die Berggipfel
wie lichte Flammenfäulen lobern, wenn dort draußen
der Bodenfee wie flüffiges Gold leuchtet, wenn im
milden Abendlichte Taufende von Orten erglänzen;
— oder ftehft du droben, während fchwere Wetter

über das weite Land ziehen, hier verhüllend, dort die grauen Regenschleier hebend, wenn die Donnerschläge dröhnend durch die Felsenhallen schmettern, — stets wird das erhabene Bild deine Seele mächtig ergreifen.

Nach Immenstadt zurückgekehrt, müssen wir unserm Versprechen gemäß nun auch zum Stuiben hinaufsteigen. Der Stuiben erhebt sich in der Westgruppe des Vorderzuges (S. 3) 5431 F.; ist also nicht ganz 100 F. höher, als die höchste Spitze des Grünten. Der Weg führt von Immenstadt durch das Steigbachthal nach der Alphütte Ehrenschwang und von dort aus erreicht man den Gipfel in etwa einer Stunde; der ganze Weg ist ohne alle Beschwerde und selbst von dem ungeübtesten Bergsteiger zu begehen.

Die Aussicht auf der Spitze des Stuiben ist von großartigem Ernste; von vorzüglicher Schönheit ist die Alpenansicht: unzählbare Gipfel von den smaragdnen Alptriften der Algäueralpen mehr und mehr zu den schneeumhüllten Felsengraten des Lech= und Innthales aufsteigend. Südwestlich, in weiter Ferne zeigen sich die schneebedeckten Kämme des Brandnerferners oder der Chesa plana bei Chur; westlich sehen wir die schön geformten Berge des Bregenzerwaldes, die Künzlespitze, Kanisfluh, Mittagspitze aufragen, und daneben, insbesondere bei Morgenbeleuchtung von herrlicher Wirkung, die majestätische Säntisgruppe, die Kuhfürsten am Wallenstädter See, den Altemann, hohe Kasten, Kamor 2c. Gegen die Höhen des Sulzberges, dessen Kirchlein ganz nahe schimmert, sieht man den größten Theil des Bodensee's und das württembergische Oberland, nordöstlich, gleichsam von den dunkel=

bewaldeten Kuppen des Horns und Mittags einge-
rahmt, zeigt sich ein Streifen des Illerthales, in weiter Ferne sich verlierend.

Auf der Ehrenschwanger Alphütte (4268 F.) findet
man immerhin eine reinliche Stube, und hat man selbst
keine Mundvorräthe mitgebracht, so weiß Fidele, der
Senn zu Ehrenschwang, schon Rath; denn er versteht,
wie wenige, außer manchen Alpengerichten, ganz vorzüglichen Kaffee zu brauen.

Der schönere Rückweg, obwohl ein wenig weiter,
wäre unfern der Alpe Seifemoos, an den Abhängen
des Hornes hin, zu nehmen. Bei dem Oertchen Bühl
gelangt man wieder auf das nach Immenstadt führende
Sträßchen.

Für kürzere Bergpartien eignen sich das Horn
(Göhlenstein) und der Mittag, beide am Eingang des
Steigbachthales. Zwar nicht von so großartiger Wirkung wie auf dem Stuiben und Grünten, ist die Aussicht immerhin für die Mühe des Steigens reichlich
lohnend.

Nachdem wir uns in der Umgebung von Immenstadt genügend umgesehen, setzen wir unsere Wanderung dem linken Ufer der Iller entlang fort. Der
Straße*) folgend, gelangen wir in einer Stunde nach
dem Oertchen Blaichach mit ansehnlichen Fabrikge-
bäuden (Aktiengesellschaft). Von hier (auch über Sei-
friedsberg) zieht rechts ein Sträßchen in das Gunzes-

---

*) Immenstadt bis Oberstdorf in den Sommermonaten
tägliche Postverbindung.

rieder Thal; wir erwähnen es, weil durch dasselbe
ein Pfad nach dem abgelegenen Dörfchen Balder=
schwang führt.

Von Blaichach gelangt man in einer Stunde nach
Gunzesried. Außerhalb des Dorfes, wo die Alpen
beginnen, überschreitet man die Hängbrücke, die über
eine 200 F. tiefe, vom Aubach durchströmte Schlucht
führt. In der Nähe befinden sich die Spießwände,
hohe, schmale, eigenthümlich geformte Felsenzacken,
wahrscheinlich durch Verwitterung des Gesteines ent=
standen. Von Gunzesried bis zu den Stubenbacher
Alpenhütten wird man ohne Führer gelangen können;
von da geleitet ein Senne oder Gehilfe über die Wil=
helmene nach Balderschwang. Dieses abgeschiedene
Alpdörfchen, nur mit dem vordern Bregenzerwald durch
ein Sträßchen verbunden, wird wegen seiner hohen,
„winterhäftigen“ Lage gewöhnlich das bayerische Sibi=
rien genannt. Das Thal von Balderschwang, rings
von hohen Bergen umgeben, gewährt, wenn man von
den Höhen der Wilhelmene herunter steigt, einen nicht
unfreundlichen Anblick; freilich im Winter, wenn die
Dächer kaum noch aus den Schneewänden hervorsehen,
und man nicht einmal die Gestorbenen begraben kann,
sondern sie oft bis zum Frühjahr in den Häusern be=
wahren muß, da mag es ganz anders aussehen. Die
neugebaute, helle Kirche (mit schönen Altargemälden
aus Schlotthauers Schule geschmückt), das Schul= und
Wirthshaus bilden den Kern des Ortes; die übrigen
Wohnungen, meist ärmlich aussehend, stehen da und
dort in den Wiesen. Erwähnenswerth ist der Schwa=
benhof, ein Senngut, früher zum Kloster Roth gehörig.

Versuche, den Kirschbaum hier zu pflanzen, sind bisher mißglückt; selbst der Hafer reift nicht immer, und so muß alles Getreide durch den Bregenzerwald herein gebracht oder über den mühsamen Alpenweg getragen werden. Setzt man die Wanderung an der Bolgenach aufwärts fort, so gelangt man am Fuße des berühmten Bolgen vorüber, der die Geologen schon oft in Versuchung geführt, nach Obermaiselstein und Fischen; schöner ist die Fortsetzung des Weges über die Alpenhöhen nach dem fürstlich Wolfeggischen Senngut Rohrmoos.

Von Blaichach erreicht man über Bühlerdorf und Sigishofen in zwei Stunden das schöne Dorf Fischen. Zur Rechten liegen längs der Abhänge des Rangiswanger Hornes die Ortschaften Ofterschwang, Sigiswang und Bolsterlang; zur Linken öffnet sich dem Blicke das heitere Illerthal, unten durch freundliche Ortschaften belebt, in den Höhen über den grünen Bergen die grauen gefurchten Felsenspitzen zeigend.

Fischen ist ein ansehnliches stattliches Dorf, das circa 1000 Einw. zählt; es hat eine hübsche Kirche, neben welcher eine Kapelle steht, die ein Altarblatt von dem Kempten'schen Hofmaler Sing enthält; auch sind eine Menge Votivtäfelchen, allerlei Leiden, menschliche und thierische darstellend, hier zu sehen. Der Name Fischen (Fiskinga) kommt schon im 9. Jahrhundert vor. Wie wir wissen, gehörte auch Fischen zu den montfortischen, nachmals königseckischen Besitzungen, und zu dieser Zeit soll das nahe Walserthal hier eingepfarrt gewesen sein. Aber auch die Herren von Heimenhofen hatten hier und in der Nähe viele Eigenleute, weswegen sie ein eigenes Haus hier hatten, das Gögelmann, ihr Vogt, bewohnte.

Es befindet sich hier eine bedeutende Stahlraffinerie, eine Spinnfabrik wird so eben errichtet.

Die Umgebung ist sehr malerisch, da die Berge für die Weite des Thales ziemlich hoch sind, so schauen sie überall über die Dächer herein.

Man will die Bewohner von Fischen etwas derber finden, als die übrigen Algäuer. Wir wollen indessen hierüber keine Meinung aussprechen; wenn man aber beim Löwenwirth zu Fischen einkehrt und diese herkulische Gestalt betrachtet, die seiner Zeit im „Hosenlupf" ihren Mann suchte, so wäre man geneigt, dieser Ansicht beizupflichten.

In beiden Gasthäusern, im Löwen und Kreuz, findet man billiges und anständiges Unterkommen.

Ein Stündchen westlich von Fischen liegt das kleine Pfarrdorf Obermaiselstein. Da sich in dessen Nähe viel Beachtenswerthes zusammenfindet, so können wir einen Abstecher dahin nicht unterlassen.

Von dem Dörfchen Obermaiselstein, das anmuthig auf einem Hügel, von hohen Obstbäumen umgeben, liegt, ist das Riedberger Horn (der Dryfahner 5502 F.) zu besteigen; namentlich ist die Aussicht gegen die Schweizerberge und den Bodensee von vorzüglicher Schönheit.

In der Nähe befindet sich auch die Höhle Sturmannsloch; ein circa 12 F. hoher, am Eingange ziemlich weiter, natürlicher Stollen führt mehrere

Hundert Fuß in das Innere des Schwarzenberges;
an den Wänden zeigt sich hie und da etwas Kalksinter,
jedoch nirgends erhebliche Formen bildend. Der Stol=
len endet an einem engen Schlunde; hier scheint sich
die Höhle fortzusetzen, ist aber noch nie genau unter=
sucht worden.

Einige Hundert Schritte von der Höhle ostwärts
kommt man an einen kleinen Wasserfall, der hoch oben
an einer senkrechten Felsenwand mit ziemlicher Wasser=
fülle hervorbricht und mit dem Innern der Höhle Stur=
mannsloch in Verbindung stehen soll. Wenige Schritte
weiter gelangt man zum Hirschsprung; diesen bil=
den zwei hohe Felsenwände, die sich in geringer Ent=
fernung von einander fast senkrecht erheben; ein Hirsch
von einem Luchse verfolgt, soll über die Kluft gesetzt
und zu dem Namen Veranlassung gegeben haben. Auf
dem Sträßchen, welches durch den Hirschsprung führt,
gelangt man nach Bad Tiefenbach. Etwas mehr
Bedeutung erhält der Hirschsprung, wenn man ihn
als Trockenklamm betrachtet; sehr nahe liegt die Ver=
muthung, daß die Breitach, ehe sie den Berg bei der
Tiefenbacher Au durchgraben, durch den Hirschsprung
geströmt, sich hier den tiefen Kessel ausgewühlt und
in dem noch wohl kenntlichen Flußbette zwischen Wei=
ler Ried und Maiselstein verlaufen haben möchte.

In der Nähe von Obermaiselstein erhebt sich der
in geognostischer Beziehung so merkwürdige Bolgen
zu einer Höhe von 5323 F. An seinen Abhängen
befinden sich jene zuerst von Bergrath v. Lupin ent=
deckten 1 bis 200 F. langen Gewände von Granit
und Gneiß; es würde zu weit führen, wollten wir

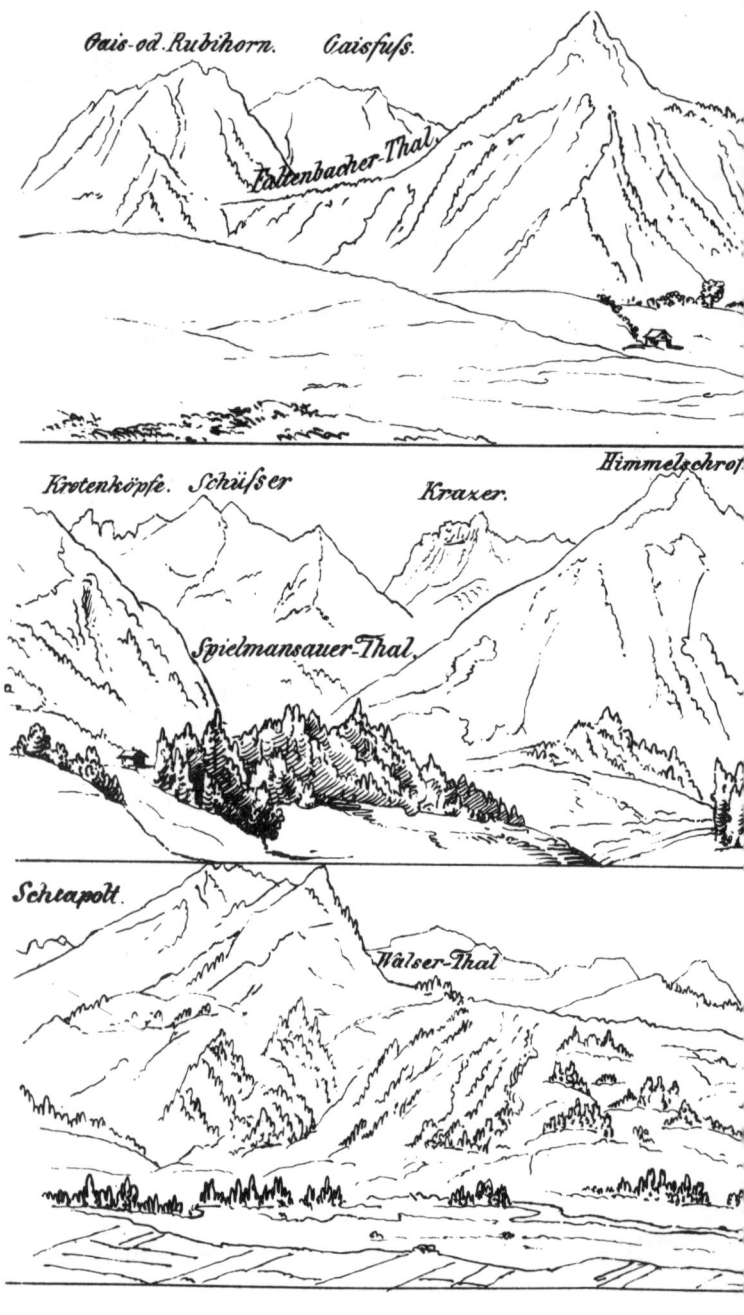

alle jene Anſichten, welche berühmte Geologen über
dieſe Gewände ausſprachen, hier aufführen; Studer,
Weiß, die Engländer Sedgewick und Murichſon; Eſcher
von der Linth und in jüngſter Zeit Prof. Dr. Schaf=
häutl haben ſie unterſucht, und es wurde dargethan,
daß man es hier keineswegs mit einem zu taggehenden
Urgebirge, ſondern mit Formationen weit jüngerer Pe=
rioden zu thun habe.

Setzen wir unſern Weg von Fiſchen aus wieder
fort. Wir gelangen in einer Stunde auf freundlicher
Ebene nach dem Dörfchen Langenwang, überſchreiten
weiter oben die Breitach und erreichen in einer weitern
Stunde den ſchön gelegenen Marktflecken Oberſtdorf.

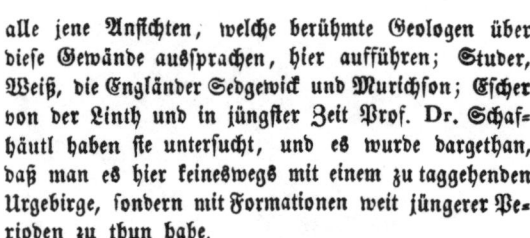

Oberſtdorf
und ſeine Umgebung.

Der anſehnliche Marktflecken Oberſtdorf, bei
2000 Einw. zählend, liegt in einer überaus freundlichen
Ebene, die rings von einer majeſtätiſchen Bergreihe
umragt wird. Eine Menge kleinerer Thäler, theils
bewohnt, theils als Alpen benützt, ziehen ſich weit in
die Gebirge hinauf und gewähren eine ſolche Fülle
und Mannigfaltigkeit der Anſchauung, daß wir noth=
wendig länger hier verweilen müſſen. Bei längerem
Aufenthalt findet man in Privatwohnungen billige
Unterkunft; im Gaſthauſe zur Sonne iſt die Bedie=
nung gut und billig.

Oberſtdorf gehörte im 13. Jahrhundert den
Rittern v. Rettenberg, kam von dieſen an die v. Hei=
menhofen und dann an das Hochſtift Augsburg, und
erhielt 1495 die Marktberechtigung. Die Kirche, hell

unb geräumig, mit einem schönen Marmorfußboben, wurde 1419 eingeweiht. Beachtenswerth sind zwei altbeutsche Gemälde, welche im Langhause berselben aufgehängt sind.

Oberstborf ist ber Geburtsort bes Historienma= lers Johann Schraubolf, Professors ber Akademie ber bilbenben Künste zu München, berühmt burch seine Freskogemälde in ber Allerheiligenkirche unb Basilika zu München, sowie burch bie Malereien im Dome zu Speier. Eben so rühmlichst bekannt als Künstler ist beffen Bruber Claubius Schraubolf; an biese reiht sich würbig Jos. Ant. Fischer, ebenfalls hier geboren unb burch seine herrlichen Compositionen zu ben Glasge= mälben in ber Auerkirche bei München unb ben Car= tons zu mehreren Glasmalereien im Kölner Dome, in weiten Kreisen bekannt.

Die freundlichsten Häuser bes Ortes stehen in ber Nähe ber Kirche auf bem Marktplatze, aber auch bie übrigen Wohngebäube, beren man über 300 zählt, sind von ganz stattlichem Aussehen; obwohl größten= theils von Holz unb mit Schinbeln gebeckt, sind sie boch groß, beinahe alle zweistöckig, im Innern geräu= mig unb wohnlich. Sie weichen in ber Bauart nur wenig von ben schon beschriebenen bes Illerthales ab. Häufiger ist im Allgemeinen bie Anwenbung bes Hol= zes, weswegen man auch hier oben mehr Gebäube mit bem Schinbelpanzer umkleibet sieht, was ihnen ein be= sonbers schmuckes Aussehen verleiht. Die Benennung ber Räume ist bie gleiche, wie wir sie schon kennen.

An ber Norbseite bes Ortes steht bie sogenannte Hexen= ober Nothhelferkapelle; ber Kunstfreunb finbet

dort einen schön geschnitzten Altar vom Jahre 1491.
Er ist, wie eine Inschrift zeigt, von Jakob Schick,
Bürger und Maler zu Kempten. An einer Seiten=
wand hängt ein Todtentanz von Gabriel Necker v. J.
1640 (jedoch ganz ohne Kunstwerth), er enthält nach
damaliger Sitte ergötzliche Reime; so ruft der Tod
dem hochmügenden Vogte zu:

„Seit Ihr Her Vogt und Ambtmann hie
Versuchet meine Pfeffer Prie
Mit Schankung und Schmirben Ist es Auß
Khombt her mit mir in unser Haus."

Die 14 heiligen Nothhelfer, die doch ganz zeitge=
mäße Heiligen sind, scheinen vom Volke in seinen ver=
schiedenen Kümmernissen nicht besonders „überlaufen"
zu werden; denn man sieht in dem Kapellchen nicht
ein einziges Votivtäfelchen. Da ist St. Wendelin
schon höher gehalten; denn nicht leicht trifft man im
Algäu ein Bildstöckchen oder eine Feldkapelle, wo nicht
sein Bild angebracht ist.

Die Lebensweise der Bewohner (im ganzen obern
Illerthale ziemlich die gleiche) ist sehr einfach. Die
meisten leben von den Erträgnissen der Oekonomie;
se!bst die Handwerker, deren es verhältnißmäßig we=
nige sind, haben meistens ein kleines Gut. Unausge=
setzt thätig in Haus und Feld, ist ihre Nahrung derb und
voluminös. Kraut, Kartoffeln, Bohnen, Erbsen, rauhes
Gerstenbrod, Milch, Schotten u. dergl. bilden die Nah=
rung; Fleisch kommt nur an hohen Festtagen, Kirch=
weih rc. auf den Tisch. Dem Gerstensaft ist der Al=
gäuer nicht abhold, er weiß sich aber (allgemein ge=
sprochen) ziemlich zu meistern; so trunksüchtiges Bau=

ernvolf, wie es sich in der Nähe größerer Städte fin=
det, sieht man im ganzen Algäu nicht. Tanzmusik
findet nur bei Jahrtägen der Handwerker, an Hochzei=
ten, zur Kirchweih und an Fastnacht statt. Tänze
und Trachten des jungen Volkes haben nichts beson=
deres; dagegen hat sich eine alte eigenthümliche noch
bei einigen Weibern erhalten; diese tragen Winter und
Sommer eine Pelzhaube und darauf ein schwarzes
Hütchen mit langen herabhängenden Bändern. Beim
Ausgehen wird ein scharlachrothes, bis an's Knie rei=
chendes Mäntelchen (Regentuch) umgeschlagen; weitere
Rüststücke verkommenen Putzes sind die „Ohren=
lappen“, eine Art Spitzenhaube, und das „Aermel=
hemat“, ein Hemd von feinem Linnen, welches im
Sommer ohne Spenser getragen wird.

Die Männer tragen größtentheils die städtische Tracht;
denn das Kamisol, den Leibgurt, und den breitkrämpi=
gen Filzhut oder das kleine Pelzkäppchen trägt fast
Niemand mehr; dagegen ist allen ein Streben nach
stattlichem Aussehen eigen. Der Algäuer will nun
einmal „wäch“ sein, er will „schönes Häs“ haben,
das läßt sich nicht in Abrede stellen, und so lange es
nicht in Luxus ausartet, ist dieses Streben auch ganz
ehrenhaft. Geht der Algäuer „in's Bürg“ (Gebirg),
so hat er ein kleines Filzhütchen als Kopfbedeckung,
die Tuchjoppe oder den Schoppen, leinene Hosen und
darüber dicke, schafwollene Strümpfe angethan; die
Schuhe haben zolldicke Leder= oder Holzsohlen, dicht
mit Nägeln beschlagen. Früher, als sich das Volk
noch freier bewegte, waren der „Hofelupf“ und das
„Hasenbocken“ gern geübte Ringkämpfe, auch das

„Karrenlaufen", eine Art Lynchjuſtiz, ſoll früher in Uebung geweſen ſein. Wenn nämlich die Buben des Nachts einen auswärtigen Gaſt in der Kammer einer „Fehl" ertappten, riſſen ſie ihn heraus, gaben ihm eine Schelle um den Hals, ſtellten ihn, unter Abſingung von Spottliedern, in einen Karren ohne Boden, fuhren mit ihm durch's Dorf, wo er bei jedem Brunnen aus dem Viehtrog trinken mußte, und dann das Brummen eines Stieres nachzuahmen gezwungen wurde, und ſchickten ihn dann mit zerſtoßenen Schienbeinen heim.

In ſprachlicher Beziehung haben wir bereits weiter oben einige Andeutungen gegeben; manches althochdeutſche Wort hat ſich in dem Idiom des Algäuers erhalten und es wäre nicht unverdienſtlich, dieſen Spuren nachzugehen; wir müſſen uns hier mit der Angabe einiger bezeichnender Worte und Redensarten begnügen. Eigenthümlich ſind die Benennungen der Alpen, deren Form durch die Namen Gund*), Gehre, Kar, Wanne ꝛc. ausgedrückt wird; man ſagt z B. Aukelsgehre, Iſersgund ꝛc. Ferner iſt die Umwandlung des u in ü (nüf, hinauf), das angehängte g an vielen Endſylben, ming, ding, gong, long ꝛc. (mein, dein, gehen, laſſen), die Worte Bur, Wib, Manna, Foche, ahäre (Bauer, Weib, Männer, fangen, anrufen), ſo wie der allgemein übliche Bekräftigungsausdruck: Bioppinge, bezeichnend.

---

*) Gund iſt ein Grasplatz, welcher zwiſchen Felſenwänden hinzieht; Gehre, ſchmale grüne Streifen zwiſchen hohen Felſenſpitzen eingeklemmt; Kar und Wanne, kleine, von hohen Gewänden umſchloſſene Felskeſſel.

Ehe wir unfere Ausflüge in die Seitenthäler, die
alle in den Oberftdorfer Thalkeffel münden, beginnen,
müffen wir noch darauf aufmerkfam machen, daß fich
bei ganz kurzem Aufenthalte manches Sehenswerthe
in eine Tagestour vereinigen laffe; z. B. Höllen=
tobel, Freibergerfee, Hochleite, Schänzle, Zwingfteg,
Bad Tiefenbach, durch's Wafach zurück ꝛc.

Von den Thälern, welche fich rings in die Gebirge
hinauf ziehen, find jene, aus welchen die Quellbäche
der Iller hervorkommen, durch Ausdehnung und Er=
habenheit des Charakters, die bedeutendften.

Wenden wir uns daher diefen zuerft zu und be=
ginnen unfere Wanderungen mit dem Spielmanns=
auerthal.

Das Thal der Trettach oder Spielmanns=
auerthal zieht fich füdöftlich von Oberftdorf gegen
die Berge des Hauptzuges; es ift 4 bis 5 Stunden
lang, liegt an feinem Eingang etwas über 300 F.
höher als Oberftdorf und wird von der Trettach, die
am Muttlerkopfe entfpringt, durchfloffen.

Durch die freundliche Ebene, welche fich vom Markte
bis zum Fuß der Berge zieht, gelangen wir nach Maria
Loretto, einigen Wallfahrtskapellen mit einem Bene=
fiziatenhaufe. Prachtvoll erhebt fich rings der Kranz
der Berge; öftlich fchauen aus dem Oythal (f. Abbil=
dung) kahle Häupter herein, in die Mitte ftellt fich
der Schroffen, breit und felfig, und über den grünen
Abhängen des Freiberges ragen die Schroffen von
Warmatsgund.

Außerhalb Loretto führt der Weg über die Halben
hinauf, die einen fchönen Rückblick in die weite Ebene

des Oberstdorfer Thales gewähren. Oben führt links
ab ein Weg in's hochgelegene Gerstrubnerthal,
den jene einschlagen, welche die schönen Wasserfälle
des Hölltobels sehen wollen. Es ist dieses eine
mehrere Hundert Fuß hohe, enge Schlucht, in die mit
tosender Gewalt der Dietersbach stürzt, terrassenartig
mehrere Cascaden bildend, die von hübscher Wirkung
sind; zur Seite führt ein Sträßchen nach Gerst-
ruben, einem Weiler von 6 bis 8 Häusern, anmuthig
an den Halden des kleinen Thales zerstreut liegend;
im Grunde desselben ragt die steile, schwerzugängliche
Höfatsspitze (6957 F.).

Unsern Weg in's Spielmannsauerthal fortsetzend
gelangen wir bald zum sogenannten blauen oder
Christlessee. Hier hat man bereits volle Einsicht
in des Thales Schönheit. Die Thalseiten, dunkel bewaldet, spiegeln sich im kleinen klaren See; stille
Wiesgründe, von Erlen und Buchen umsäumt, unter
deren Schatten sich da und dort das braune Balken-
gefüge einer Heuschinde erhebt, breiten sich aus und
bilden den Saum des Baches; weit drinnen am Grunde
des Thales erhebt sich in kühnem Schwunge ein
schneebedecktes Felsenhaupt — die Trettachspitze*)
(8105 F.); düstere Felsenkämme ziehen von ihr nieder,
in deren Furchen sich der Schwarzmilchgletscher ausbreitet.

---

*) Diese Spitze, eigentlich nicht die höchste Kuppe der
aus drei Kegeln bestehenden Mädelergabel, galt stets für un-
ersteiglich, bis vorigen Sommer einige Burschen Gemsen hinauf klettern sahen, ihnen sogleich nachsetzten und die Besteigung vollführten.

Hat man weiter drinnen den Bach überschritten, so gelangt man an eine ärmliche Kapelle; dort braust aus enger Schlucht ein wilder Bergbach daher und stürzt über das aufgeschichtete Geröll der Trettach zu; er kommt aus dem Traufbachthale, wo sich schöner Marmor findet. Jenseits des Baches, in tieferem Grunde, stehen die Häuser der Spielmannsau; die Wiesen sind schmal, verlaufen bald an den jähen Halden; die Berge zeigen sich hier kahl, schroff und unbewaldet, und das Grün, das mühsam daran hinauf klimmt, vermag kaum den finstern Ernst der Felsen, die überall hervorbre=
chen wollen, zu mildern.

Vom letzten Hause der Spielmannsau setzen die Wiesen noch eine kleine Strecke fort, dann, am soge=
nannten Knie betritt man einen leiblich gebahnten Saum=
pfad, der durch das Sperrbachtobel und · über das Mädelerjoch nach Holzgau im Lechthale führt. Dieser Pfad, bald an dräuenden Felswänden hin, bald durch düstere, enge Schluchten über weite Schneefelder zur Obermädelealpe (5652 F.) und von da über den Mädelepaß (6017 F.) nach Holzgau im Lechthal füh=
rend, ist im Sommer ganz gefahrlos zu begehen; die ganze Schlucht durchbraust der Sperrbach, der oft auf weite Strecken von mächtigen Schneelagern über=
brückt ist.

Von der Obermädelealpe aus wird gewöhnlich die Mädelergabel oder Trettachspitze, der höchste Berg des Algäu's bestiegen; der Gang auf diese Spitze verlangt jedoch einen geübten Bergsteiger. Man steigt an den Südabhängen des Kratzers über den Ferner zu derselben hinan. Die Aussicht von der Mädele=

spitze reicht von den Centralalpen Tyrols bis zu den
Quellen der Donau und vom Großglockner bis zu
den Glarner Bergen; selten ist man jedoch von der
Witterung so begünstiget, die unermeßliche Aussicht
ihrem ganzen Umfange nach würdigen zu können.

Das Birgsauer Thal.

Eine halbe Stunde südlich von Oberstdorf zwi=
schen der sogenannten Zimmeroi (Au) und dem Burg=
schroffen, wo ehedem eine Burg der Ritter von Oberst=
dorf gestanden haben soll, führt ein Sträßchen in's
Thal der Birgsau. Anfangs von Buschwerk und Wald
eingeengt, öffnet sich bei St. Wendelin im G'schlief
das Thal, den freudigsten Anblick gewährend. Zur
Rechten erheben die Griesgundköpfe ihr kahles Ge=
schröff, die linke Thalseite bilden das Schmalhorn,
der Späte= und Wildegundkopf und im Hintergrunde,
wild durchfurcht bis zu den Scheiteln, prangen die
Mädelespitzen in erhabener Größe; der wilde Mann,
die Rothegundspitze, der Linkerskopf, die Rappenköpfe,
der Biberkopf schließen sich in langer Reihe an diese an.

In der Birgsau (wo sich noch ein Wirthshaus
befindet), hört der fahrbare Weg auf; ein Saumpfad
führt weiter über die jähen Felsenabstürze des Schroffen=
passes nach dem hochgelegenen Thannberg *).

---

*) Vor einigen Jahren wurde viel von einem Projecte,
eine Straße durch dieses Thal nach dem Thannberge und
von dort nach der Arlbergerpoststraße zu führen, gesprochen,
die Oberländer sahen ziemlich scheel dazu und freuen sich
jetzt sicherlich, daß es beim Projecte blieb.

Von der Birgsau gehen wir noch nach Einödsbach, dem kleinen, einsamen Weiler hinein, beschauen uns das düstere, öde Bachertobel steigen zur Stillach nie= der, die unter Gebüsch verborgen einen hübschen Fall bildet und kehren über die Buchenrainalpe nach der Birgsau zurück. Wir wollen hier noch anführen, daß das Thal einwärts von Einödsbach, das Rappen= thal und der im Grunde desselben entspringende Hal= benwanger= oder Rappenalpbach erst bei der Birgsau den Namen Stillach bekommt.

Die Galtalpen in diesem Thale nähren besonders schönes Vieh und die dreijährigen Rinder von Rappen= und Biberalpe haben an der Viehscheide zu Oberst= dorf schon öfter die höchsten Preise errungen. Ein Gang nach diesen Alpen, namentlich nach der Linkers= oder Rappenalpe, gewährt hohen Genuß.

Haben wir auf unserm Rückwege nach Oberstdorf die Weidegründe bei der Zimmeroi erreicht, so sind wir an dem Platze, wo alljährlich die Viehscheide am Tage vor dem großen Sonthofer Markte stattfin= det. Dann ist reges Leben auf diesen Wiesgründen. Eine Heerde um die andere, lauter schönes, wohlge= nährtes Galtvieh, trabt heran; an der Spitze jedes Zuges die Hirten mit Blumen geschmückten Hüten. Heerdenweise wird das Vieh in Einfänge getrieben und dort von den Hirten den anwesenden Eigenthü= mern zugewiesen. Gewöhnlich finden sich fremde Käu= fer ein und es wird nicht unbedeutender Handel getrieben.

Wir haben von Galtvieh und Galtalpen gespro= chen; das gibt uns Veranlassung, einiges über die Feld= und Alpwirthschaft im Algäu anzuführen.

Außer den Feldern im Thale (Oesche), die man in der Regel nicht nach Jaucherten, sondern nach Viertelsaaten, deren 10 ein Jauchert geben, kauft, bieten die nahen Berge mit ihren Waidschaften und Bergwiesen eine Fülle vorzüglichen Futters. Die Alpen zerfallen in Sennalpen, wo nur milchende Kühe sind, und in Galtalpen, wo junges, unträchtiges Vieh und Pferde weiden. Ende Juni sind gewöhnlich alle Alpen bezogen.

In den Sennbergen (Alpen mit Käserei) befinden sich gewöhnlich 1 bis 2 Hütten, aus Balken zusammengefügt und mit Schindeln gedeckt. Der vordere Raum der Sennhütte enthält die Stube der Sennen mit der „Bugrat", der Schlafstelle der Senner, dann die Käseküche und die Keller; im Anbau sind die Viehställe; der Dachraum wird zur Aufbewahrung von etwas Heu benützt, und dieses luftige Revier dient jeweils auch als Schlafgemach, wenn fremde Bergfahrer auf den Alpen um Nachtherberge zusprechen.

Die Sennalpen sind gewöhnlich nicht so hoch gelegen als die Galtalpen. Alle Alpen haben je nach ihrer Größe mehr oder weniger Weideplätze, wovon jeder seinen eigenen Namen hat (z. B. Vorsäß, unterste Weide, Steingere, Gleigund, Teufenhalde 2c.) Erst in neuerer Zeit hat man angefangen, die Galtalpen als Sennalpen zu verwenden und hat zu diesem Behufe an mehreren Plätzen sogenannte Hochgeläger errichtet. Ist eine Sennalpe groß, so sind auf den höher gelegenen Weiden Ställe für das Vieh und Hütten für Melker und Hüter erbaut.

Von diesen obern Weiden muß die Milch täglich

zweimal zu der Sennhütte hinuntergebracht werden, was jederzeit auf Schlitten geschieht; die leeren Fässer und die Schlitten müssen auf dem Rücken wieder die jähen Halden hinaufgeschleppt werden.

Morgens 6 Uhr und Abends 5 Uhr wird gemolken; täglich einmal und zwar Vormittags wird gekäst. Es werden fette, halbfette und magere Käse gemacht. Zu den fetten Käsen wird die Milch genommen, wie sie von den Kühen kommt, diese heißen runde, Schweizer= oder Emmenthaler Käse; zu den halbfetten, einer ge= ringern Sorte der runden, wird die Abendmilch abge= rahmt und mit der nächsten Morgenmilch zum Käsen verwendet. Backstein= oder Limburger=Käse wird aus abgerahmter Milch erzeugt; aus dem Rahm die treff= liche Sennbutter gewonnen. Die Fabrikation der Back= steinkäse hat sich in neuerer Zeit sehr ausgebreitet, und wird nicht nur im obern Algäu, sondern auch in der Gegend um Kempten vorwiegend betrieben.

Der Käsehandel, ein Haupthebel des al= gäuischen Wohlstandes, wird sehr schwunghaft betrieben, insbesonders ist der Verkehr mit Norddeutsch= land, Holland und Amerika lebhaft. (Die bedeutend= sten Firmen sind: Schnetzer und Wittmayr in Kemp= ten, E. Hirnbein in Wilhalms bei Missen, Blender und Herz in Immenstadt, Althaus in Sonthofen, Specht und Wachter in Simmerberg 2c.)

Eine Sennalpe zu 50—60 Stück Kühen hat je nach der Lage und den dazu gehörigen Hütten immer einen Werth von 5—8000 fl., und ist entweder Pri= vat= oder Gemeinde=Eigenthum. Der Alpbesitzer be=

schlägt seine Alpe sowohl mit eigenen als fremden (ge=
pachteten) Kühen.

Ist die Alpe Gemeinde=Eigenthum, so kann jedes Ge=
meindeglied je nach der Anzahl der in seinem Besitze
befindlichen Weiden die Alpe mit der entsprechenden
Anzahl Kühen bestellen, oder auch seine Weiderechte
verpachten.

Eine Weide der Alpe heißt so viel Antheil an der=
selben, daß 1 Stück (Jung=) Vieh zur Sommerfütte=
rung Weide findet. Auf ein Pferd rechnet man drei,
auf eine Kuh oder einen Stier zwei Weiden; eine
Weide kostet 25—50 fl. oder 1 fl. 20 kr. Pacht.

Die Führung der Rechnungen, die Ausscheidung
des bezüglichen Nutzens, sowie alle Anordnungen in
Betreff der Alpen liegt den Alpmeistern ob.

Eine gute Kuh kann, wenn sie „neupärsch" ist, 12
bis 15 Maaß Milch geben; durchschnittlich rechnet
man täglich 5 Maaß (alte oder Nürnberger Maaß).
Da nun die Alpzeit circa 100 Tage dauert, und zu
einem Zentner Käse 500 Maaß Milch nöthig sind, so
kann auf eine Kuh 90—100 Pfund Käse gerechnet
werden.

Die Galtalpen werden, wie bereits schon ange=
führt, nur mit nicht milchendem Jungvieh, Galtkühen,
auch mit Stieren und Pferden besetzt. Je nach der
Größe der Heerde sind 1 bis 2 Hirten nothwendig;
die Galthütte, das Sommerpalais des Hirten, ist aus
übereinander gelegten Baustämmen zusammengefügt, mit
Schindeln gedeckt und in zwei Räume abgetheilt; der
eine dient dem Hirten zum Aufenthalt und ist Küche
Keller, Wohnstube und Schlafkammer zugleich; im

andern Raum sind ein Paar Kühe oder Geisen unter=
gebracht, deren Milch nebst etwas Mehl und Schmalz
des Hirten einzige Nahrung bildet. Bisweilen ist auch
ein Stall für das Vieh aufgeschlagen, wo es bei gro=
ßer Hitze und Unwetter Schutz findet, gewöhnlich bringt
aber das Galtvieh den ganzen Sommer im Freien zu.
Im Spätherbste, wenn die Alpzeit vorüber ist, weidet
das Vieh, so lange es die Witterung erlaubt, auf Fel=
dern der Ebene. St. Gall, sagt das Sprichwort, treibt
die Kuh in Stall; da wird „eingestellt" und die
Winterfütterung beginnt. Die Größe eines Gutes be=
zeichnet man im Oberlande gewöhnlich nach der Zahl
der Winterfuhren, die eingethan werden; Winterfuhr
ist so viel Heu und Grumet, als zur Winterfütterung
einer Kuh erfordert wird.

Vortreffliches Futter liefern die Verg = oder Wies=
hoibat, die Bergwiesen; an vielen Stellen in den
Alpen sind nämlich die Grashalden zu steil, „ver=
fällig" und dem Vieh unzugänglich; da klettert der
Heuer hinan und mäht das Gras ab, häuft es, nach=
dem es getrocknet, an Feimen, oder birgt es in der
Heuschinde. Die Gewinnung des Bergheues ist mit
vielen Gefahren verbunden; wenn man die oft viele
Tausend Fuß hohen Gibel und Grate betrachtet, an
denen sich die schmalen Grasflächen fast senkrecht hin=
anziehen, so staunt man billig, wie es möglich ist, an sol=
chen Stellen zu arbeiten. Im Winter wird das Bergheu
„burdenweise" auf Schlitten geladen, in's Thal gebracht,
welches man „Schalenke" heißt. Getreide wird nur sehr
wenig gebaut und beschränkt sich auf den Anbau von et=
was Vesen, Gerste, Hafer, Erbsen, Bohnen und Kartoffeln.

5

Das Wasser= oder Breitach=Thal.

Das **Walserthal**, zum Unterschiede von jenem nach dem Rheinthale geöffneten und vom Lutzbache durchströmten, das untere oder kleine genannt, gleich ausgezeichnet durch Anmuth seiner Thalbildung, als durch Abstammung und Eigenthümlichkeit seiner Bewohner, zählt in den drei Gemeinden Rietzlern, Hirschegg und Mittelberg circa 1500 Einw. Die ersten Ansiedler dieses Thales sollen aus der Schweiz, aus dem Canton Wallis, herüber gekommen sein; der Sage nach wären sie über den Widderstein durch's Genscheltobel herabgekommen und hätten sich in den Bödmen am Gsträuß niedergelassen. Zu welcher Zeit dieses geschehen, läßt sich mit Sicherheit nicht bestimmen.

Die Bewohner dieses Thales nähren sich ausschließlich von Viehzucht und Käsebereitung; das Walservieh ist sehr gesucht und wird zu hohen Preisen bezahlt. Alles Getreide muß vom Algäu her in's Thal gebracht werden, und es herrscht die Sitte, in jedem Hause den Bedarf auf ein ganzes Jahr vorräthig zu haben.

Das Walserthal gehört zum k. k. Landgerichte Bezau im Bregenzerwalde, und wenn die Bewohner zu ihrem zuständigen Gerichte wollen, so müssen sie, da das Thal nur gegen Bayern hin eine fahrbare Verbindung hat, entweder den weiten Umweg über Immenstadt, Staufen, in den Bregenzerwald nehmen, oder das mühsame und im Winter auch gefährliche Starzeljoch übersteigen. Das Thal ist drei Stunden lang, östlich von dem Schlapolt, Fellhorn und Hammerspitz,

weſtlich von dem Hochüfer, Heu= und Starzelberge
begrenzt; den Hintergrund bildet der 7797 F. hohe
Widderſtein.

Der Fahrweg führt von Oberſtdorf über Kornau
in's Thal. Wir wählen, um in dasſelbe zu gelangen,
den weitern, aber auch viel genußreichern Weg über
den Freibergerſee und die Hochleite.

Den Freibergerſee erreicht man von Oberſtdorf
in einem Stündchen; traulich breitet er ſeine klaren
ſpiegelhellen Fluthen in der Tiefung eines mäßigen
Bergabhanges aus; friſche grüne Wieſen, ſchattige Ge=
hölze, umſäumen die ſtillen Ufer dieſes lieblichen Berg=
ſee's; die nördlichen Abhänge bieten überdieß eine
prächtige Ausſicht in's Illerthal. Steigt man aber die
ſteilen, weſtlichen Halden hinan, ſo gelangt man bald
auf die Hochleite. Dort zeigt ſich ein düſteres Felſen=
thal; dunkle, hängende Gewände und Grate vom Schla=
volt, Warmats= und Griesgund umſtarren es und
einigen ſich zu einem Bilde voll tiefen Ernſtes.

Von der Hochleite iſt es am gerathenſten, einen
Führer mitzunehmen, da der Pfad an den Abhängen
des Söler hin durch Wald und Wieſe in's Walſerthal
hinüberführt. Nach etwa zwei Stunden erreicht man
einzelne, auf den Höhen ſtehende Häuſer, und unten
zwiſchen den Streifen des dunkeln Fichtenwaldes ſteht
man die Häuschen der Walſerſchanze hindurchblinken.
Hier überſieht man auch ſchon den größten Theil des
Thales; es iſt weit und freundlich; obwohl es faſt
gar keine Ebene hat, wiſſen doch die Wieſen ihren
ſchmiegſamen grünen Teppich mildernd über alle Hügel
und Berge zu legen, und nur da, wo ſich die Felſen=

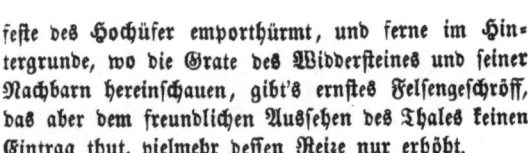

feste des Hochüfer emporthürmt, und ferne im Hintergrunde, wo die Grate des Widdersteines und seiner
Nachbarn hereinschauen, gibt's ernstes Felsengeschröff,
das aber dem freundlichen Aussehen des Thales keinen
Eintrag thut, vielmehr dessen Reize nur erhöht.

Nun aber zur Walserschanze hinunter. Walserschanze war früher befestigt und mit Mauern und
Thürmen bewehrt, 1633 und 1703 wurde lebhaft ge-
schanzt, und sind dort oben, wo wir herüber gekommen, noch manche Spuren davon zu sehen.

Heut' zu Tage ist Walserschänzle friedlichern Aus-
sehens; auf der einen Seite ist das österreichische Mauthhaus, auf der andern ein Wirthshaus, und als ver-
mittelndes Glied legt sich der schwarzgelbe Schlagbaum
über das zwischen durch ziehende Sträßchen. Beim
Wirthshaus zur Walserschanze geht man aber nicht
gerne uneingekehrt fürbaß, und als noch Dokus und
Lisbeth, die unvergleichlichen Wirthsleute, hier schal-
teten, war großer Zuspruch und fröhliches Leben daselbst.
Obgleich nun Lisbeth nicht mehr die Becher kredenzt,
und Dokus nicht mehr die Gäste hätschelt, wird dieweil
noch scharf scharmützelt, — und wie oft schon mögen die
stillen Mauern des österreichischen Mauthhauses dem
bedenklichen Schwanken eines verzweiflungsvollen Kampfes um menschliches Gleichgewicht zugesehen haben?

Einige hundert Schritte seitwärts vom Schänzle
liegt die vielgepriesene Zwingschlucht, eine Klamme,
deren Besichtigung sich auf dem Rückweg passend ein-
fügen läßt. Wir folgen jetzt dem Sträßchen, das alle
Vertiefungen und Vorsprünge der herabziehenden Halden ablaufend, uns in einer Stunde nach Rietzlern,

dem erſten Dorfe des Thales bringt; die andern Orte,
Hirſchegg und Mittelberg, deren Kirchthürme
hinter einander vorragen, ſind je eine Stunde von einander entfernt. Die Häuſer liegen alle zerſtreut auf
den Hügeln und Höhen und ziehen weit an den Halden hinauf.

In Hirſchegg iſt ein gutes Gaſthaus, und von hier
(auch von Rießlern) aus wäre der 6664 F. hohe Hoch=
üfer oder Hoheneifen zu beſteigen; ſeine Zinnen ge=
währen die herrlichſte Fernſchau, und der Geognoſt
findet überdieß, da der Berg aus den wunderſamen
oolithiſchen Gebilden beſteht, die zahlreichſten Verſtei=
nerungen.

Mittelberg, das bereits 3816 F. Meereshöhe
erreicht, hat eine ſehr ſtattliche Kirche; in derſelben ſoll
ein Dokument verwahrt ſein, welches einen Hans Wüſt=
ner als „ain Anfänger und Stifter des Gottshus zu
Mittelberg und dieſes Thals" bezeichnet.

Ganz im Grunde des Thales liegt das kleine Oert=
chen Bad, — ein Kirchlein mit dem Hauſe des Geiſt=
lichen und einigen in den Wieſen zerſtreut liegenden
Häuſern.

Von Bad führt ein Bergſteig über das Vintſcher=
oder Starzeljoch in 4 Stunden nach Schoppernau
im Walde. Das Joch iſt zwar ziemlich mühſam, aber
im Sommer durchaus gefahrlos zu begehen.

Südöſtlich gelangt man durch das Genſcheltobel
an den Abhängen des Widderſteines hin nach Krumbach auf dem Thannberge.

Im Genſcheltobel halten ſich der Sage nach
die kleinen muntern Bergmännlein, von denen man

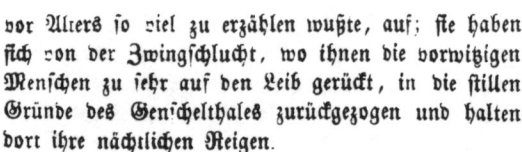

vor Alters so viel zu erzählen wußte, auf; sie haben
sich von der Zwingschlucht, wo ihnen die vorwitzigen
Menschen zu sehr auf den Leib gerückt, in die stillen
Gründe des Genscheltthales zurückgezogen und halten
dort ihre nächtlichen Reigen.

Auf unserm Rückwege, den wir nunmehr antreten
wollen, könnten wir füglich auf den Böhmen Daniel
Müller's hundert Jahre alten Roggen und die andern
Raritäten, die dort aufbewahrt werden, besehen.

Auch der weiblichen Tracht müssen wir unsere Auf=
merksamkeit zuwenden. Die Walserinnen tragen alle
ohne Ausnahme lange, schwarze, weitgefaltete Röcke,
die unten in Falbeln endigen; die Taille ist sehr kurz:
eine dunkle, hinten kurze Jacke mit engen Aermeln
bedeckt den Oberkörper, um den Hals schlingt sich ein
langes, schwarzes Tuch, dessen Enden, in einen Knoten
geschlungen, vorne lose herunter hängen. Im Som=
mer tragen sie feine weiße Linnenärmel, den Kopf be=
deckt die kegelförmige blaue Mütze oder Schappel; bei
feierlichen Gelegenheiten schmücken die Jungfrauen ihr
Haupt mit dem goldenen Krönlein „Schäppelin", das aus=
sieht wie der Federschmuck eines Indianerhäuptlings.
Bei ältern Frauen sieht man noch das Visir, das
schwarze, kleine, flache Hütchen mit den flatternden
Bändern, und darunter die kleine braune Pelzhaube.
Merkwürdig ist der starre Conservatismus der Wal=
serinnen in Beziehung auf ihre Thaltracht; heirathet
nämlich die Walserin aus dem Thale, so behält sie
ihre Tracht bei; führt aber ein Walser eine Fremde
heim, so legt sie ihre Kleider ab und die Walsertracht an.

Die Sprache der Walser ist vom Algäuer Dialekte

sehr verschieden, und nähert sich mehr dem schwei=
zerischen. Der Walser sagt z. B. von der Schnecke:
„S'ift a Sennmagbli gst, s'hät Chäsali uf'm Buckl
g'ha" (sie ist ein Sennmädchen, die 's Kesselchen auf
dem Rücken trägt).

Die Bauart der Häuser ist ebenfalls beachtens=
werth; sie sind so nieblich mit ihren weit vorspringen=
den Dächern, mit den auf Säulen ruhenden Kanzeln
und Lauben, und tritt man in eines derselben, so findet
man fast überall ein reinliches behäbiges Wesen, das
auf ziemlichen Wohlstand schließen läßt, und eine so
freundliche Art der Bewohner, daß man gerne bei
ihnen weilt, und sich bald ganz heimisch fühlt.

Hier wollen wir noch des Bergpfades gedenken, der
von Rietzlern über die Schwande, Klausewald auf's
Hörnle und von dort nach Sibratsg'fäll im vordern
Bregenzerwalde führt.

Wir sind nun wieder zur Walserschanze zurückge=
kehrt, und nachdem wir ungefährdet zwischen Mauth=
und Wirthshaus, die wie Scylla und Charybdis ver=
derbendrohend auf den harmlosen Wanderer herein=
schauen, hindurch gesteuert, wenden wir uns eine kurze
Strecke weiter außen links vom Wege ab und gelan=
gen bald zu der oben angeführten Zwingschlucht,
Zwingsteg oder kurzweg Zwing. Hohe Felsenwände,
senkrecht abfallend, bilden eine circa 200 F. tiefe, enge,
wohl eine Viertelstunde lange Schlucht, durch welche
sich die Breitach, in wildem Trotze gegen die Felsen
stürmend, hindurchwälzt. Von dem Stege, der über
die Schlucht führt, kann man sicher in die dunkle,

schaurige Tiefe schauen, wo die Waſſer im zürnenden Eifer am tiefen Schachte weiter graben.

Da wir uns nun nach dem nahen Bade Tiefenbach begeben wollen, so kehren wir nicht mehr zur Straße zurück, sondern überschreiten die Schlucht und steigen die jenseitigen Anhöhen, die eine freundliche Rundſicht gewähren, hinan, und gelangen bald in die Tiefenbacher Au, von wo ein Fahrweg zuerst zum Tiefenbacher Badehauſe, und dann oben zu der Kirche und den übrigen Häuſern des Ortes führt.

Das Bad Tiefenbach hat eine reichliche und stark wirkende Schwefelquelle, deren heilkräftige Wirkungen, wie es in einer ältern Beschreibung des Bades heißt, „bei den zerschiedensten Leiden des Menschen alle Erwartungen übersteigen". Die Quelle ist schon mehrere Jahrhunderte bekannt, kam aber besonders 1644 durch die Heilung des Grafen Heinrich v. Königseck, damals regierenden Herrn von Rothenfels, in Aufnahme *).

Im Badhauſe findet man sehr gute Verpflegung, und die nahen Orte und Gebirgsthäler bieten den Badegästen die mannigfaltigste Gelegenheit zu Ausflügen. In der Nähe von Tiefenbach ist die sogenannte Judenkirche zu besehen, ein hohes Felsenportal, dessen

---

*) Nach einer 1815 vorgenommenen chemischen Analyse enthalten 20 Maaß Waſſer:

2½ Gran salzsaures Mineral-Kali,
1⅘ Gran schwefelsaures Mineral-Kali,
26½ Kubikzoll Schwefelwaſſerstoffgas,
45 Kubikzoll freie Kohlensäure.

Oeffnung zu einem halbkreisförmigen Platze führt und dessen sonderbare Gestaltung zu der Benennung Veranlassung gegeben haben mag.

Von Tiefenbach aus wollen wir das Thal der **Starzlach** oder das **Rohrmoserthal** besuchen, sowohl wegen der Schönheit des Thales, aus welchem sich die eigenthümlich gestalteten Berge, die Rakenköpfe (4716 F.), die Gottesackerwände (6235 F.), mit ihren senkrechten, mauergleichen Felsenterrassen, wo sich der Adler seinen Horst baut, erheben, als auch, um das große fürstl. Wolfegg'sche Senngut Rohrmoos, dessen Waldschaften sich weit im Gebirge umher erstrecken, zu besehen.

Rohrmoos, das Alpgut, erreicht man von Tiefenbach, etwa in zwei Stunden; der Weg führt längs der Starzlach, einem muntern Bergbache, der mit lebhaftem Rauschen über die Felsen stürzt, und in die Breitach mündet, hin. Es besteht aus einem großen gemauerten Gebäude, das die Wohnung des Schaffners, verschiedene Räume zur Verfertigung und Aufbewahrung der Käse rc. enthält, und mehreren Nebengebäuden, Stallungen, Schuppen u. dergl. Auf den zu Rohrmoos gehörigen Weiden finden circa 200 Stück Kühe Weide, und täglich wird des Sommers 1 Zntr. Käse erzeugt.

Nicht weit vom Hause befindet sich eine alte hölzerne Kapelle, welche Gemälde (aus dem 16. Jahrhundert) enthält. Der Fremde findet bei dem Fürstl. Schaffner freundliche Aufnahme und gute Bewirthung. Von Rohrmoos führt ein Weg westlich nach Sibratsg'fäll am Fuße des Feuerstädter Berges, und von dort

nach Hüttisau im Bregenzerwalde. Nördlich erheben
sich ansehnliche Berge; steigt man diese Halden hinan,
so gelangt man in ein weites, einsames Bergrevier,
das südlich von der österreichischen Grenze bis zu dem
Vorderzug bei Immenstadt, und von Obermaiselstein
bis zum Bregenzerwalde sich ausdehnt; das Gunzes=
rieder und Balderschwanger Thal sind die einzigen stän=
dig bewohnten Orte, wo die Menschen dem Schrecken
eines langen Winters Trotz zu bieten wagen. In den
Tagen des Sommers aber, bei hellem Sonnenschein, ist
ein Gang über jene Höhen nach Balderschwang
oder Maiselstein hinaus, höchst genußvoll.

Wir kehren nun wieder nach Oberstdorf zurück.
Den Rückweg kann man entweder über den Ort Tie=
fenbach (in dessen Kirche Altargemälde von den Ma=
lern Weiß und Drexel [von Immenstadt] und ein
Marmorrelief, eine Scene aus der Familiengeschichte der
Grafen von Königseck darstellend, zu sehen) und durch's
Wasach, wo sich eine schöne Gebirgsansicht
bietet, genommen werden, oder man kann in der Tie=
fenbacherau die Breitach überschreiten, den Fußpfad
durch die Torfmoore einschlagen und erreicht so das
aus dem Walserthale kommende Sträßchen, das man
jedoch bald wieder verläßt, um einen Fußweg, der über die
Halden führt, die den Kranz der Oberstdorfer Berge sehr
schön zeigen, hinabzusteigen; — durch die schönen Fluren
des Thales gelangen wir bald zu unserm Ausgangs=
punkte Oberstdorf zurück.

Nachdem wir nun die drei Hauptthäler durchwan=
dert, und das Rohrmooserthal, das so nahe am Wege

lag) befehen haben, wollen wir nun in das Oythal (vielleicht beffer Authal) hinaufsteigen.

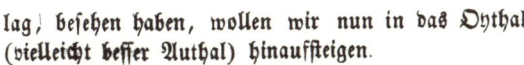

Das **Oythal**, in seiner Mitte etwa 900 F. über Oberstdorf gelegen, zieht sich zwischen Schatten= berg und Rüffelkopf zuerst öftlich und dann in fchar= fer Biegung füdlich; ein fahrbarer Weg führt von Oberstdorf eine ziemliche Strecke weit im Thale noch fort. Am Eingange desselben breiten sich freundliche Auen aus, und auch zu den Seiten zeigen sich nur mäßig hohe, bewaldete Berge; an einer Felswand, die steil und vielfach zerklüftet an der Schafhalde vortritt, horsten Adler, denen bisweilen kühne Gebirgsjäger ihre Brut rauben; dann finden sich gewöhnlich aus Nähe und Ferne Zuschauer ein, und die fröhliche Menge, im freundlichen Grün lagernd, harret des Augenblickes, wo der kühne Jäger, am schwankenden Seile über dem Abgrunde schwebend, sich behend in den Horst des Adlers schwingt und ihn seiner Jungen beraubt; auf den nahen Felsen sind gewöhnlich Schützen postirt, um die herannahenden Alten zu tödten oder zu verscheuchen.

Schreitet man weiter im Thale fort und ist bis zu dem Fuß der Seewände gelangt, so zieht dasselbe in rafcher Biegung füdlich, und man überfieht es nach feiner ganzen Ausdehnung. Welcher Contraft! Hier am Eingange die freundlichen Fluren, die allmählig ansteigenden Alptriften, — drinnen, im Grunde des Thales, zur Rechten, zur Linken die jählings aufschie= ßenden Felscoloffe. Hier erhebt der farbenreiche Schne= cken seine seltsam gestalteten Gibel, ihm gegenüber dräut die düstere Lugenalpenwand, da starren die Riesensäulen

der Höfatsspitze, der stolzen, unnahbaren; dort weit
drinnen, über dem Wasserfalle, der seine Schaumwogen,
oft von farbenreichen Bogen umspannt, in einen tiefen Fel=
senkessel stürzt, ragen die beiden Wilden so majestätisch
ernst, so groß! Ein Bild, wie Heinlein's kühne Hand es
malt: stürzende Giesbäche, düstere, wild sich gipfelnde
Felshörner, durch wogende Nebelschleier dämmernd! —

Ober den Seewänden, rings umragt von der
prachtvollsten Bergscenerie, umsäumt von gras=
reichen Alptriften, breitet der Seealpsee seine
silberklaren Fluthen aus, in deren Tiefen sich köstliche
Sälblinge tummeln. Er liegt 5000 F. hoch; die Alpe,
die sich um seine Ufer in der stillen Bergmulde zwi=
schen den Seeköpfen ausbreitet, ist die hintere See=
alpe. Der Zeiger, ein Berggrat ober der Seealpe,
von dem man entweder durch's Faltenbacherthal
nach Oberstdorf zurück, oder über die Wengenalpe
nach Hinterstein gelangen kann, gewährt eine vorzüg=
lich schöne Gebirgsansicht.

Von Gutenalp, die weiter innen liegt, ist's nicht
mehr weit zum Stuibenwasserfall, den wir schon
aus weiter Ferne sahen. Der Stuiben (von Staub,
stauben), von der Käsersalpe herabkommend, stürzt mit
bedeutender Wasserfülle in zwei mächtigen Armen in
einen tiefen Felsenkessel, aus welchem leichte Nebel=
schleier aufwirbeln, in welche die Morgensonne die
schönsten Farbenkreise zeichnet. Auch seitwärts gleiten
kleine Giesbäche in tiefe Schluchten und Tobel.

Wie beim Hirschsprunge ein kleiner Bach plötzlich
verstegt und unterhalb desselben im tiefem Kessel wieder
hervorbricht, so verschwindet auch der Oybach, der das

Thal durchströmt, stellenweise, um in einiger Entfer=
nung wieder kräftiger hervorzubrechen. Dieses Ver=
siegen und Hervorbrechen der Wasser ist in den Kalk=
alpen sehr häufig und weist auf die Höhlenbildungen
im Innern der Berge hin.

Ueber die Käfersalpe, in deren Nähe der kleine
Eissee ist, kann man durch die Scharte in's Gerst=
rubnerthal hinübersteigen, das mit seinen über die
grünen Bergwiesen zerstreuten Häusern einen freund=
lichen Anblick gewährt, und hat dann überdieß die
schönen Wasserstürze, die der Dietersbach im Höl=
tentobel bildet, ganz nahe am Wege.

Noch wäre das Faltenbacherthal, das letzte der
östlich ziehenden Thäler in der Nähe Oberstdorfs, zu
erwähnen. Es ist ein kleines, von dem Faltenbache,
der hie und da kleine Wasserfälle bildet, durchströmtes
Thal, vom Geis= oder Rubihorn, Geisfuß,
Nebelhorn und Seekopf umgrenzt; in dem hoch=
gelegenen schmalen Thälchen breiten sich die Weide=
gründe der vordern Seealpe aus. Bergfahrer, die
das Geishorn (6052 F.) oder das Nebelhorn (6583 F.)
besteigen wollen, Bergköpfe, die rühmenswerthe Fern=
sichten gewähren, oder jene, welche ihre Bergfahrt bis
auf den Daumen auszudehnen, oder über den Zeiger
und die Wengenalpe in's Hintersteinerthal hinüberzu=
steigen gedenken, werden ihren Weg durch dieses Tha=
einzuschlagen haben.

Nun gilt es, Abschied zu nehmen vom schönen
Oberstdorferthale. — Darin hat Oberstdorf unstreitbar

einen großen Vorzug vor andern Gebirgsorten, daß es so nahe am Fuße der Hochgebirge, in offener, freund= licher Ebene liegt, überall weit genug, um die ganze Höhe der Gebirgszüge hervortreten zu lassen; ferner bietet die große Zahl der in's Hauptthal mündenden Nebenthäler einen Wechsel ernster und heiterer Partien, wie sich das in solch' bequemer Nähe nicht oft im Ge= birge wieder findet; dabei lassen sich die Ausflüge nach Geschmack und Laune einrichten. In die meisten Thä= ler führen bequeme, theilweise fahrbare Wege; der größte Theil der nahen Berge ist auch dem ungeübten Bergsteiger, ja selbst Damen, zugänglich; und jene, für welche die Schrecknisse der Hochgebirge Reiz haben, mögen ihre Kraft auf einem Gange nach der Mädeler= gabel, Höfatsspitze, Krottenköpfe, Widder= stein, Biberkopf versuchen.

Aber nicht nur der Erholung suchende Wanderer, auch der Mann der Wissenschaft, der Künstler wird mit Befriedigung hier verweilen; der Geognost findet den Bolgen in der Nähe, dann den Hochüfer mit den zahlreichen Petrefacten, den Schwarzenberg, die Schön= bergerach 2c.; den Botaniker wird es freuen, auf seinen Bergwanderungen den fast nur dem Algäu eigenen Ritz (plantago alpina), den Madung (felandrium muttelina), das wilde Männle (anemone pulsatilla), das Edelweiß, die Edelraute 2c. zum Strauße pflücken zu können. Aber auch zu ethnographischen Studien ist Gelegenheit gegeben; denn drei in Abstammung, Sprache, Sitten und Gebräuchen ganz von einander verschiedene Volksstämme — Algäuer, Walser und Lechthaler — sind hier auf wenige Stunden einander

fo nahe gerückt, daß ein rüſtiger Wanderer alle drei
Gebiete in einem Tage berühren kann; daß dem Ma=
ler die reichlichſte Gelegenheit zu Studien gegeben iſt,
braucht wohl kaum erwähnt zu werden.

Auf der öſtlichen Seite des Oberillerthales führt
die Hauptſtraße hart am Fuße der Gebirge hin; wir
werden dieſelbe zu unſerm Rückwege, der uns zunächſt
nach Sonthofen führt, wählen, und erreichen dieſen
Ort über Rubi, Schöllang und Altſtädten in zwei
Stunden.

Unweit Oberſtdorf bei dem Weiler Kreben, vereini=
gen ſich die drei Bäche Breitach, Stillach und Tret=
tach und bilden durch ihren Zuſammenfluß die Iller.

Von Rubi, oder beſſer von Reichenbach, führt ein
Pfad nach dem Geisalpthale hinauf, es iſt dieſes
ein ſchmales in abſchüſſigen Halden gegen die Berg=
grate anſteigendes Hochthal, das ſeine grasreichen Alp=
triften in der ſchmalen Bergmulde über jähe mannig=
faltig geformte Hügel ausbreitet, die kaum Fläche ge=
nug für einige Wohngebäude (denn die Geisalpe iſt
beſtändig bewohnt), bei den Häuſern genannt, dar=
bieten; im Winter iſt's etwas rauh auf der Geisalpe
und bei heftigen Schneeſtürmen ſind die Bewohner öf=
ters gänzlich vom Verkehr mit dem Thale abgeſperrt*).

Ganz nahe erheben ſich die Gipfel des Geishorns,
Geisfußes (6067 F.), Enſcherkopfes (6276 F.)
und verleihen mit ihren ſteilen zerriſſenen Felſenwän=
den der Umgebung einen ernſten, düſtern Charakter.

---

*) Joſeph Antoni von der Geisalp, der Beſtelmann und
Verfertiger vom „Ewigen Umgang“, iſt durch Lentner's Feder
in den „Fliegenden Blättern“ verherrlicht worden.

Zwischen den Abhängen dieser Berge, ihren Gipfeln nahe, bettet sich, rings umgeben von öder Felsenwildniß, der **Geisalpsee**.

Geht man von der kleinen Ansiedelung noch weiter die Halden hinan, so kommt man bald zu einer freundlich gelegenen Alphütte. Schon hier genießt man gegen das Iller= und Walserthal und die westlichen Berge eine Aussicht von vorzüglicher Schönheit; noch mehr ist dieses der Fall, wenn man bis zum Grate, der nicht mehr ferne ist, hinansteigt, denn dort steht man noch manches schöne Berghaupt aus dem Rettenschwangerthale aufragen. Füglich kann man an den Abhängen des Enscherkopfes in dieses Thal hinabsteigen und gelangt von da in 3—4 Stunden nach Hindelang.

Wir setzen unsern Weg von Rubi fort und erreichen bald das ansehnliche Pfarrdorf **Schöllang**. Hier wurde der Bildhauer Ernst geboren, der unter Schwanthaler gebildet, viele treffliche Arbeiten ausführte und 1850 in Regensburg starb. In Schöllang wollen wir jedoch die Straße verlassen und einen Abstecher nach der sogenannten Burg (Gottesackerkirche von Schöllang) und in das Bad Au machen, da dieser Weg jedenfalls mehr Genuß bietet.

Von Bad Au erreichen wir über das freundlich gelegene Oertchen Thalhofen die Straße im Dorfe Altstädten wieder.

Die Gottesackerkapelle zu Schöllang, die Burg genannt, steht auf einem hohen, westlich sehr steil abfallenden Felsenrücken; ursprünglich ein adeliger Ansitz, wurde die Burg (vermuthlich schon im 13. Jahrhundert,

denn 1351 geschieht schon in einer Urkunde des Kir=
chensatzes zu „Burk Schöllang" Erwähnung) in eine
Kirche umgewandelt und der Gottesacker von Schöllang
dorthin verlegt. — Es will dich fast ein wehmüthiges
Gefühl beschleichen, wenn du, über diese Todtenstätte
wandelnd, in's weite schöne Thal, in die ragenden
Berge schaust, und du denkst an Lenau's schöne Worte,
die er einem ähnlichen Orte gewidmet:

> O schöner Ort, den Todten auserkoren
> Zur Ruhestätte für die müden Glieder!
> Hier singt der Frühling Auferstehungslieder,
> Vom treuen Sonnenblick zurückbeschworen.
>
> Wenn alle Schmerzen auch ein Herz durchbohren,
> Dem man sein Liebstes senkt zur Grube nieder,
> Doch glaubt es leichter hier: wir seh'n uns wieder,
> Es sind die Todten uns nicht ganz verloren.
>
> Der fremde Wanderer kommend aus der Ferne
> Dem hier kein Glück vermodert, weilt doch gerne
> Hier, wo die Schönheit Hüterin der Todten.
> Sie schlafen tief und sanft in ihren Armen,
> Worin zu neuen Leben sie erwarmen;
> Die Blumen winken's, ihre stillen Boten.

An dem Nordabhange des Berges führt ein Fuß=
pfad nach dem Bade Au, welches wie Tiefenbach
eine Schwefelquelle besitzt, die bei gichtischen und rheu-
matischen Leiden von guter Wirkung sein soll. Wenn
man beim Tiefenbacher Bade mit Recht die Heilkraft
der Quelle lobt, so muß billiger Weise die freundlichere
Lage des Aubades hervorgehoben werden.

Auf anmuthigem Wege erreicht man Thalhofen, dessen nördliche Anhöhen geeignete Standpunkte zur Uebersicht des Oberillerthales gewähren, und gelangt bald nach dem Pfarrdorfe Altstädten und von da in einer Stunde nach Sonthofen.

Der Marktflecken Sonthofen

ist in den Sommermonaten häufig von Fremden be= sucht. Die trefflichen Gasthäuser, die freundliche Auf= nahme, die man in Privathäusern findet, die Anmuth der Lage, die bequeme Verbindung mit allen Haupt= orten des Algäu's haben schon Manchen veranlaßt, längeren Aufenthalt hier zu nehmen, um von hier aus Berge und Thäler des schönen Oberillerthales zu besuchen.

Sonthofen*) erhielt 1429 durch Kaiser Sigis= mund die Marktgerechtigkeit; es hat eine durch Dom= probst Rem 1582 und Fürstbischof Marquard von Augsburg reichlich fundirte Spitalstiftung. Hier wurde der erste Abt des Benediktinerstiftes St. Bonifaz in München, Paul Birker, geboren.

Weithin bekannt sind die Sonthofer Viehmärkte, deren bedeutendster am 14. September gehalten wird. Eine große Zahl Pferde, Kühe, namentlich aber Rin= der, sogenannte Kalbeln von der berühmten Algäuer Raçe, werden hier zu Markt gebracht; bedeutende Käufe werden abgeschlossen und ganze Heerden durch die Eisenbahn nach dem Norden Deutschlands verführt.

---

*) Sonthofen, 2609 Einw., ist der Sitz eines königl. Landgerichts, Rentamts, Hüttenamts und einer Postexpedition.

Dieſer Markt iſt für die Viehpreiſe im Algäu maß=
gebend; der größere Landwirth, der Bauer, ſelbſt der
entfernter wohnende, beſucht dieſen Markt gerne (auch
ohne Käufer oder Verkäufer zu ſein), nur um zu
ſehen, „was es thut“, d. h. wie ſich die Preiſe geſtal=
ten, und hat dabei immer noch den für das Auge des
Oekonomen ſo erquicklichen Anblick der ſtattlichen Kühe,
Kalbeln ꝛc. in einer ſolchen Zahl, wie ſie ſich an
einem Platze nicht leicht wieder findet.

Eine halbe Stunde von Sonthofen entfernt, liegen
die ausgedehnten Betriebsgebäude des königl. Hüt=
tenamtes. Nach Stumpf's Angaben lieferte der Berg=
bau auf Eiſenerz im Jahre 1849/50 53,337 Ctnr. Ei=
ſenerz, 3310 Ctnr. Roheiſen in Gängen und Maſſeln,
1953 Ctnr. Gußwaaren aus Erz, 2715 Ctnr. Guß=
waaren aus Roheiſen, 7077 Ctnr. gefriſchtes Eiſen, im
Ganzen 15,055 Ctnr. Der bedeutendſte Stollen iſt
der ſchon erwähnte Maximilians=Stollen an der
Südoſtſeite des Grünten; häufig finden ſich in den zu
Tage gebrachten Geſteinen Echiniten, Terebrateln und
der ſchöne cancer Sonthofensis eingeſchloſſen.

Eine ſehr freundliche Ausſicht gewährt die Höhe
des nahen Kalvarienberges, da erfreut ſich das
Auge an der ſchönen Bergreihe, die in weitem Bogen
das Thal umgürtet; oben an der jungen Iller prangen
die kühnen Felscoloſſe, ſich gegen Norden mehr und
mehr in ſanft geformte, von friſchem Grün umkleidete
Hügelreihen abſtufend, von denen überall die weißen
Gibel der Kirchen und Häuſer herunter ſehen. Zwi=
ſchen dieſen Höhen zieht die Ebene dahin, die von den
blinkenden Gewäſſern der Iller durchzogen wird; bu=

schiger Erlenwald verhüllt bisweilen ihre Ufer; bald
schlingt sie ihre Silberarme um stille Wiesgründe aus
welchen, von dunkeln Waldstreifen halb verhüllt, bis=
weilen eine kleine Kapelle, ein einsames Gehöft her=
vor schimmert; nur ostwärts ist der Blick gehemmt,
nahe Waldbestände verhindern jeden vorzeitigen Blick
in's nahe Hindelanger Thal.

Von Sonthofen führt ein bequemes gut gehaltenes
Sträßchen in dasselbe; ein anderes führt über Burg=
berg, Rettenberg, Kranzegg nach Wertach und Nessel=
wang zur Füssener Straße. Das erstere verfolgend,
geleiten uns noch eine Strecke die heitern Bilder des
Jllergeländes, — sonnige Thaltriften, lieblich grüne
Alpenhöhen, freundliche Dörfer —, dort drüben, wo
der Grünten seine Felsengipfel erhebt, grüßt das gast=
liche Grüntenhospiz aus schwindelnder Höhe; hier im
Thal, im Schatten buschiger Ahorne liegt bescheiden
das Berghofer Kirchlein (mit den schönen alten Schnitz=
werken in seinem Innern); da von naher Höhe schaut
längst gebrochen, die Burg Fluchenstein herab.

Als diese noch wehrhaft stand, hatte der augsbur=
gische Vogt seinen Sitz in derselben; 1605, als sich
die Bauern der rettenbergischen Gerichte erhoben hatten,
vertrieben sie den Amtmann und führten die Besatzung
gefangen ab. Die Bauern der genannten Gerichte
glaubten sich nämlich von Seite ihrer Herrschaft in
ihren althergebrachten Rechten benachtheiligt, sie rotte=
ten sich zusammen, hielten zu Agathazell, das bei
frühern Anlässen schon zum Sammelplatze gedient,

nach alter Sitte unter freiem Himmel Versammlungen, wählten Ausschüsse und verbanden sich zu Schutz und Trutz. Sie übergaben im April 1605 ihre Beschwerden schriftlich, worauf im Mai Fürstbischof Heinrich V. von Augsburg drei Räthe nach Fluchenstein zur Schlichtung der Bauernhändel sandte. Die Bauern waren jedoch schwierig geworden; sie verlangten hartnäckig ihre „mächtigen und berembten Freibriefe und Dokumente", welchem Zumuthen die Herren Räthe leider nicht willfahren konnten, da dieselben mit „höchster Betheurung" anzeigen mußten, daß, obwohl „so viel man finden konnte gutwillig und getrewlich ausgefolget, weiter nichts vorhanden." Auch einer kaiserlichen Commission gelang es nicht, die Bauern zum Gehorsam zurückzuführen; dieselben versagten den Amtleuten und Pflegern jede Dienstleistung, erhoben die Steuern und Umlagen selbst, u. d. m.

Nachdem alle Mahnungen erfolglos geblieben, sah sich der Fürstbischof genöthigt, bei der kaiserl. Majestät um „schärferes Einsehen" zu bitten. Er ließ durch geworbene Truppen Schloß Fluchenstein und die Grenzen der Herrschaft Rettenberg besetzen und nun kam es zu einem Vergleich, durch welchen die Bauern, zum Nachgeben gezwungen, ihr Bündniß auflösten und zum Gehorsam zurückkehrten.

Wir sind bereits bei dem kleinen Weiler Binswangen vorübergeschritten; hier ziehen die Hügelreihen näher heran und bilden gleichsam einen Abschluß zwischen Iller= und Osterachthal; — nach außen schöne Auen, weites Gelände, thaleinwärts sanftgeformte Hügel, waldumkränzte Berge.

In mannigfachen Wendungen zieht das Sträßchen
neben der Osterach hin, die mit munterem Rauschen
der Iller zueilt. Bald sieht man rechts über einem
dunkeln Waldschopfe ein spitzes Thürmlein blinken;
das ist Liebenstein, die alte Kirche, deren Inneres
mit altdeutschen Schnitzwerken geziert ist. Nach und
nach erweitert sich das Thal, die Seiten desselben,
immerhin von mäßiger Höhe, sind durch freundliche
Häusergruppen belebt; im Allgemeinen sieht es sehr
friedlich aus, nur im Hintergrunde erheben sich einige
Berge, die in Felsenspitzen ausbrechen; von all den
riesigen Felsenhörnern, die sich im Osterachthale erhe=
ben, vom Geis= und Rauhhorn, Hochvogel, Daumen,
ist nichts zu sehen, alle sind von den nähern Höhen
verdeckt.

Ganz im Grunde des Thales am Fuße des Hirsch=
berges und Jochschroffens liegt Hindelang, der schöne
Marktflecken; er zählt etwas über 2000 Einw, die größ=
tentheils Landwirthschaft, theilweise auch Gewerbe trei=
ben; insbesondere sind hier und in dem nahen Weiler
Oberdorf sehr viele Nagelschmiede. Ein hübsches Schloß,
ehedem dem Churfürsten von Trier, Clemens Wenzes=
laus zum Sommeraufenthalte dienend, eine große schöne
Kirche, freundliche Privatgebäude verleihen dem Orte
ein sehr stattliches Aussehen.

In den Gast= und Bräuhäusern zum Adler und
Hasen findet man die trefflichste Bewirthung.

Hindelang kam mit den übrigen Theilen der Herr=
schaft Rettenberg an Bayern; früher hatte es eigenen
Adel und die Burg der Ritter von Hintelank,
derer im 13. Jahrhundert schon Erwähnung geschieht,

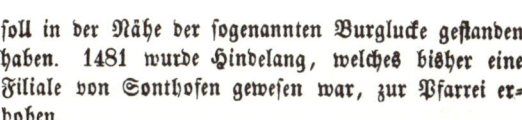

foll in der Nähe der sogenannten Burglucke gestanden
haben. 1481 wurde Hindelang, welches bisher eine
Filiale von Sonthofen gewesen war, zur Pfarrei erhoben.

Die Kirche ist sehenswerth; außer einigen Arbeiten
von Eberhard sind noch die lebensgroßen Bildnisse
der 12 Apostel von Weiß und einige andere Bilder
zu sehen.

Hindelang ist der Geburtsort der berühmten Bildhauer Franz und Konrad Eberhard, und dem Andenken des im Jahre 1836 verstorbenen Franz Eberhard
ist von der Hand seines Bruders unter dem Chorbogen
der Kirche ein sinniges Denkmal errichtet, welchem gegenüber sich ein ähnliches, den hier verstorbenen Pfar-
rern Fr. S. Kinzel und Fr. Wankmiller gewidmet,
befindet.

So städtisch wie am Eingange des Ortes, in der
Hauptstraße, steht's freilich nicht überall aus, dafür
aber traulicher; die großen untermauerten Holzhäuser,
die zur Seite stehen, haben mächtige, weit vorspringende
Schindeldächer, unter deren Schutze, auf Lattengestelle
geschichtet, kleine Getreidebüschel herunter hängen. Die
kleinen Fensterstöcke zieren Feigelstöcke und Nägelein
und dahinter stehen die Hindelanger und schauen ver-
gnüglich in die Straßen einher, wenn die „Herrnleut"
in großstädtischem Putze herum stolzieren, freuen sich
wohl darob, daß sie in's Thal gefunden und gerne
hier verweilen.

Zunächst um Hindelang breiten sich freundliche
Wiesgründe bis zum Fuße der Berge hinziehend, aus,
die nördliche Seite bietet aber wenig Ebene, Hügel

und Halden ziehen bald zu den steilen Höhen, zu den
grauen Schroffen hinauf. Hier erhebt sich auch der
Hirschberg, mit seinen grauen Felsterrassen, über
die Dächer hereinschauend. Wiesen und Höhen sind
mit hellschimmernden Häusern geziert, die bald einzeln,
bald in Gruppen darüber zerstreut liegen. Da an der
Sonnenseite des Thales ziehen sich die Häuser von
Vorder=Hindelang hin und hier in freundlicher Aue,
halb versteckt unter den Laubkronen der Obstbäume,
bergen sich die grauen Dachgiebel des obern Dorfes. —
Eingefriedete Feldstreifen ziehen bis zu den jäheren
Weideplätzen hinauf, die sich an die steilen, grünen
Hänge der Berge anschließen; diese, in weiten Bogen
das Thal umspannend, zeigen die mannigfaltigsten
Formen: bald treten sie als sanft ansteigende Alp=
matten auf, nur hie und da einiges Felsengeschröff,
wie am Imberger Horn, Iseler re. zeigend, bald bre=
chen aus dem schmiegsamen Grün oder aus dunkelm
Fichtenwald steile Grate, gefurchte Kämme hervor;
südlich treten die Berge auseinander und durch die
Lücke herein schauen ferne Kuppen aus dem Hinter=
steiner Thale.

Das eben genannte Thal ist es hauptsächlich, wel=
ches mit seinen finstern Felsenschluchten, seinen herr=
lichen Bergwarten, seinen stillen lauschigen Alpgrün=
den, dem Naturfreunde die mannigfaltigsten Genüsse
gewährt.

Von Hindelang führt ein fahrbarer Weg bis Hin=
terstein und setzt von da, erst in neuerer Zeit weg=
samer gemacht, noch eine ziemliche Strecke thalein=
wärts fort.

Man erreicht das Dörfchen **Hinterstein** von Hindelang aus in einer Stunde. Wir wollen jedoch, bevor wir das Thal von Hinterstein besuchen, das kleine, hochgelegene Rettenschwanger Thal, das in ersteres mündet, durchwandern.

Zu diesem Behufe schlagen wir den Fußweg, welcher südlich durch die Felder gegen die Berge führt, ein, wenden uns, wenn wir die Osterach überschritten haben (nach welcher auch das Hintersteiner-Hindelanger Thal Osterachthal genannt wird), bei der sogenannten Schmiede rechts und gewinnen dort den in's Rettenschwanger Thal hinaufführenden Weg.

Ist die Anhöhe erstiegen, so gelangt man bald zu einer kleinen Feldkapelle; zur Linken erhebt sich der **Breitenberg** und die **Rothspitze**, zur Rechten das **Imberger Horn** mit der **Ornachalpe**; in tiefer Schlucht braust die B'sonderach, die oben am Enscherkopfe quillt, das Rettenschwangerthal durchströmt und in die Osterach mündet. An den Abhängen des Breitenberges hin erblickt man seitwärts tief im Thale das Oertchen **Hinterstein**, — eine freundliche Oase in öder Felsenwildniß, — dort sehen wir auch einen Theil jener hohen Berge, die das Hintersteiner Thal im Süden begrenzen, das **Rauhorn**, **Geishorn**, **Taufersberg**; weiter außen erhebt sich der **Stuiben**, **Pontenkopf**, **Iseler**, die **Windhäge** ꝛc.

Das **Rettenschwanger Thal**, an dessen Eingange wir nun stehen, beschreibt eine starke Krümmung, läßt also einen Totalüberblick nicht gewinnen; es ist etwa zwei Stunden lang, gegen Süden von den senkrechten Abstürzen des **Daumen** und der **Rothspitze**, ge-

gen Norden von niedern Alphöhen umgeben. Weiter
innen überschreitet man die B'sonderach und gelangt
zu einer kleinen Alphütte, Danisle genannt; nicht
ferne davon zieht ein Gehäge von den Bergen bis
zum Fluß und jenseits desselben betritt man schon die
Weidegründe der großen Alpe Mitterhaus. Auf ebe=
nem Wege, der mitunter noch Spuren früherer Pflege
verräth, gelangt man zu dieser Alpe.

Mitterhaus, das nahezu 700 Fuß höher als
Hindelang liegt, war in frühern Zeiten öfter der Schau-
platz fürstlichen Gepränges; da wurden Feste und Spiele
gefeiert und das Thal widerhallte von dem Jubel der
Gäste und Zuschauer. Das war zu jener Zeit, als
der Churfürst von Trier und Fürstbischof von Augs=
burg Clemens Wenzeslaus in seinem Sommerschlosse
zu Hindelang weilte und sich von dort herauftragen
ließ, um die reine Bergluft zu genießen und die erha=
bene Bergpracht des Thales zu schauen.

Mitterhaus ist ein großes Gebäude, dem man
es gleich ansieht, daß es andern Ursprungs ist, als
die Alphäuser in der Nähe; es ist gemauert, hoch und
lang; der Vorplatz, wo der mächtige Käsekessel hängt,
ist zwar rauchig und düster und auch die Stube der
Sennen ist enge und nicht sonderlich freundlich; dafür
sind die Ställe weit und geräumig und können eine
ansehnliche Heerde aufnehmen.

Zu Mitterhaus gehören noch die Weideplätze Koh=
lersberg und Schnippe. Im Ganzen weiden 150
Kühe hier; neun Sennen und Gehilfen besorgen die
Käserei, den Stall und die Hut.

Von Mitterhaus setzt die Thalsohle, zwar nicht

breit aber ziemlich eben, zu beiden Seiten der B'son=
derach fort; erst eine ziemliche Strecke hinter dieser
Alpe entwickeln sich die pittoreßken Reize des Thal=
hintergrundes: senkrechte, mehrere Tausend Fuß hohe
Felsenmauern, stundenlange Gewände bildend, schließen
das Thal ab; bald sind sie zerklüftet, als hätte innere
Gluth die starre Felsenhülle gesprengt, bald in bizarr
geformten Kegeln vorspringend, oder in tiefe Kluften
zurückweichend, in welchen mächtige Schneelager sich
ausdehnen.

Es sind insbesondere die Rothspitze, Breite=
berg, hohe Gänge, der kleine Daumen, der
eigentliche oder hohe Daumen, die Zwiebele=
sträng, Laufbüchel, Wengenkopf, Nebelhorn
und Enscher, welche im Süden das Thal fast rings=
förmig umschließen. Geht man von Mitterhaus über
den Rothen, Gerichtsdienersbergle, Wolf=
büchel, Nubler, Spitalschnippe, Rothmoos=
Alpen, welche sich alle an dem leicht zugänglichen
nördlichen Höhenwalle ausbreiten, — so gelangt man
auf den Grat, der jenseits nach der Geisalpe *) führt.

Auf diesem Gange wird sich nicht nur volle Ein=
sicht in alle Reize des Thales gewinnen lassen, son=
dern auf dem Grate ist überdieß noch eine Fernsicht
zu genießen, die im entschiedendsten Gegensatze zu dem
eben durchwanderten engumschlossenen Thale, von über=
raschender Wirkung ist. — Und nun in's Hinter=
steiner Thal.

Wir haben schon oben bemerkt, daß man das

---

*) Siehe S. 111.

6 *

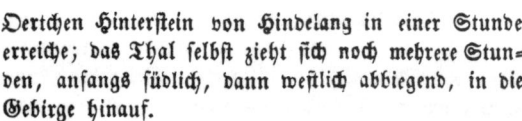

Oertchen Hinterstein von Hindelang in einer Stunde
erreiche; das Thal selbst zieht sich noch mehrere Stun=
den, anfangs südlich, dann westlich abbiegend, in die
Gebirge hinauf.

Hinterstein, das kleine Oertchen liegt freundlich
auf freier Flur, und obwohl von allen Seiten ernste
Berghäupter in's Thal schauen, ist's lange nicht so
düster und schauerlich, als man es verschrieen hat.

Um die hübsche Kirche, in welcher mehrere Bild=
hauerarbeiten von Franz Eberhard, sowie einige Fresco=
gemälde (nach Eberhards Entwürfen von Osterried in
Pfronten ausgeführt) zu sehen sind, gruppiren sich
eine Anzahl recht freundlich aussehender Gebäude.
Weiter im Thalgrunde zeigt sich eine zweite Gruppe,
um eine kleine Kapelle versammelt; auch in den tie=
fern Gründen, die gegen die Osterach ziehen, welche
hier in weitem Kießbette daher rauscht, liegen einzelne
Wohnungen zerstreut; dunkler Fichtenwald zieht zu
den Felsenkuppen hinan, die in pittoresken Formen
rings im Thale aufragen. Im Hintergrunde gewahrt
man den Erz= und Taufersberg, das Rauh=
und Geishorn. Zur Rechten erhebt sich der Breite=
berg, der kleine Daumen und die Mittagspitze;
diesen gegenüber der B'schüsser und Wannenspitz,
jedoch nur in ihren tiefern Abdachungen sichtbar.

Nicht ferne von der Kirche stürzt über eine jähe
Wand ein schöner Wasserfall, welchen der Zipfels=
bach bildet; oft schwindet er zum schmalen Silber=
faden, oft, wenn sich Hochgewitter in den Bergen ab=
gelagert, rauscht er gewaltig und stürmt in weitem Bo=

gen in's Thal hinaus durch Schutt und Geröll, das er mit herabgewälzt, der Osterach zueilend.

Im Wirthshause zu Hinterstein findet man gutes Flaschenbier, trefflichen Käse u. dergl.; das alte Mütterchen, das dort waltet, eilt mit geschäftiger Hast in Küche und Keller, um die Wünsche der Gäste nach Möglichkeit zu befriedigen.

Den Weg thaleinwärts fortsetzend, gelangen wir in etwa einer Stunde zu den sogenannten Aueleswänden und weiter innen zu der Eisenbreche. Aueleswänd' und Eisenbreche sind tiefe Felsklammen, wie der Zwingsteg bei Tiefenbach, durch welche mit tosendem Ungestüm die Osterach strömt; düstere, tiefe, schauerliche Schluchten engen den Fluß auf lange Strecken ein, unten brausen die Wasser wildaufschäumend, wenn ungestüm gestaltete Felsenwände den Durchgang hemmen wollen. Wie an allen Stellen, wo die Natur ihre finstere Laune entfaltet, bevölkert die Sage auch diese Schluchten mit unheimlichen Kobolden, die früher, als sie noch nicht durch den Machtspruch der PP. Kapuziner in die tiefsten Höhlungen der Eisenbreche gebannt waren, auf umliegenden Alpen mannichfache Ungebühr verübt haben sollen; überdies wohnen in den dunkeln unheimlichen Höhlen dieser Schluchten „zu scheußlichen Klumpen geballt, mächtiger Kröten gräuliche Ungestalt"; das sind die bösen und unrechtlichen Amtleute, die Bauernschinder, die hier in häßliche Kröten verwandelt, ihr böses Sündenleben büßen müssen *).

---

*) Die Sage bei Schöppner Band I. S. 41.

Bei niedrigem Wasserstande kann man ungefähr=
det bis zum Wasserspiegel hinuntersteigen, und die
Schlucht auch stellenweise begehen.

Von der Eisenbreche kommt man nach einer hal=
ben Stunde zum sogenannten Fuß, einem freien Platze,
wo das Berggündlethal, daß sich als enge Schlucht
gegen den Hochvogel hinaufzieht, einmündet.

Ueber jähen Felsenmauern, an den Abhängen des
Roßkopfes, blinkt ein freundliches Häuschen aus grü=
nem Buschwerk vor, welches Prinz Luitpold k. H.
hier errichten ließ, um bei den Gemsjagden im Gebirge
eine passende Haltstelle zu haben.

Hier in der Nähe wäre vor Zeiten auch die Bä=
rentanne gestanden, wo einst Freund Bez einen Jä=
ger gehöhnt, und droben in den Bergen, am Erz=
oder Taufersberg, da liegen die Goldgruben, wo vor
langen Jahren venetische Herren ungeheure Schätze
gehoben.

Vom Fuß erreicht man bald die Chatsgundalpe,
die malerisch auf heiterm Wiesenplan gelegen, und um=
geben von schattigem Laubwald fast aussieht wie die
Ansiedelung eines Hinterwäldlers; jenseits des Baches,
der erst nach Vereinigung mit dem Berggündlebach
den Namen Osterach bekommt, erhebt sich die schöne
Felsenpyramide des Gibels. Setzt man von Chats=
gund die Wanderung noch weiter fort, so kommt man
zur sogenannten Platte.

Zur Rechten — an den Abhängen der Laufbühl=
kirche, eines jener sonderbar gestalteten Hornsteinberges
— dehnen sich die Laufbüchler Alpen, zu Langen=
feld, Koblach und am Tannenhof aus. Weiter

innen spaltet sich das Thal in zwei Aeste, die sich in den Hochgebirgen als schmale steile Hochthäler verlieren. Dem Thalzweige zur Rechten folgend, würde man über Wengenalpe, den Zeiger und Seealpe durch's Oythal (auch durchs Faltenbacher Thal, von Hindelang bis Oberstdorf 8—9 Stunden) nach Oberstdorf, gelangen; zur Linken aber führt ein Bergpfad über den Stierbach in's Oythal In beiden Richtungen muß man freilich mehrere Stunden lang bergan steigen, doch entschädigt die Umschau, die man über die weiten Bergreviere halten kann, reichlich für die aufgewendete Mühe.

Nachdem wir nun das Hintersteiner Thal seinem ganzen Verlaufe nach verfolgt, wenden wir uns wieder zurück nach Hindelang; doch wollen wir auf diesem Rückwege einiger Bergwanderungen gedenken, welche sich auf die in der Tiefe der Thalsohle kaum sichtbaren hohen Berge, von welchen das Thal umgürtet ist, von Hindelang oder Hinterstein aus machen lassen *).

Auf den Daumen (6694 F.) geht man entweder über Nicken=, Chatsgund= oder Laufbüchelalpe; ein anderer freilich nur geübten Bergsteigern zu empfehlender Weg wäre, durch's Rettschwanger Thal über Haseneck zur Daumenspitze hinanzusteigen und den Rückweg über Laufbüchel zu nehmen. Merkwürdig sind drei auf dem Südabhange des Daumen gelegene Seen; auf dem größten derselben, dem Chatsgunder= oder Erzgünder=See befindet sich eine

---

*) Der Wirth in Hinterstein, auch Haas und Jägers Vincent sind kundige und verläßige Führer.

hübsch gezimmerte Gondel und man kann sich hier das
gewiß seltene Vergnügen verschaffen, 5700 F. über der
Meeresfläche im Schiffe zu fahren.

Ueber die Berggündlealpe, wo man gewöhn=
lich die Nacht zubringt, kann die Spitze des Hochvo=
gels (7968 F.) erstiegen werden; der Gang ist be=
schwerlich und stellenweise sogar bedenklich, da jähe
Schneefelder, die dem Fuße keinen Halt gewähren,
überschritten werden müssen.

Etwas zugänglicher ist das Geishorn (6931 F.),
dessen Kuppe über Willersalpe zu erreichen ist.

Alle drei Bergspitzen, Daumen, Hochbogel und
Geishorn, gewähren dem kühnen Bergsteiger die
lohnendsten Fernsichten; namentlich ist der Anblick der
Gebirge, die sich in unabsehbaren Reihen in tausend=
fältigen Formen dem Blicke darbieten, von der erhe=
bendsten Wirkung; schon ein Gang durch die einsamen
Schluchten dieser Hochgebirge, wo sich gleichsam alle
Geheimnisse der Bergwelt entschleiern, gewährt seltene,
ungeahnte Genüsse; darum wollen wir auch noch schließ=
lich des selten betretenen Bergpfades, der über Tau=
fersberg nach dem in einsamer Felsenwildniß gele=
genen Vilsalpsee führt, gedenken.

Daß alle diese Bergtouren nur unter Leitung kun=
diger Führer auszuführen sind, daß man bei solchen
Wanderungen stets gut thut, sich mit etwas Wein
und Lebensmitteln zu versehen, daß man seine
Kraft vorher wohl erwägen möge, — das sind
alles Sachen, die kaum näher erörtert zu werden
brauchen.

Wir find wieder aus den labyrintifchen Gängen der Felfenthäler in die heitern Auen von Hindelang gelangt.

Hier in den ebenen Gründen findet alljährlich, wie zu Oberftdorf, den 13. September die **Viehfcheide** ftatt. Da find die Wiesgründe heiter belebt; Jung und Alt ift verfammelt, um zu fehen, wie fich das Vieh „geälpt", welche Alpe die ftattlichften Rinder hat; diefe, größtentheils fchwarzbraun oder fahlgrau, „dach= fet", werden nach einem gewiffen Maße, welches man Quart nennt, gemeffen; die ftärkften haben 9 — 11 Quart und werden manchmal mit 11 — 12 Karolin bezahlt. Sind die Heerden gefchieden, d. h. die ein= zelnen Stücke den Eigenthümern übergeben, dann fchlie= ßen die Alpmeifter ihre Rechnungen; die Sennen und Hüter aber, die den ganzen Sommer in den einfamen Bergen zugebracht, freuen fich, wieder bei den Ihrigen im Thale zu fein und es herrfcht, angeregt vom fchäu= menden Gerftenfaft, allenthalben fröhliches Leben.

Das Thannheimer Thal.

Mühfam windet fich die Jochftraße in vielen Krüm= mungen den Jochberg hinan, da und dort auf ihren Höhen die freundlichfte Ausficht in's Ofterachthal und in die nahen Berge gewährend. Oben auf der Joch= höhe gelangt man zu den Häufern von Vorderjoch; — weiterhin fteht das bayer. Mauthhaus. Ein Sei= tenfträßchen führt nach Unterjoch und Wertach. Zur Rechten des Weges erheben fich die kahlen Fel= fenkämme der Windhäge (volksm. Widhäg), die durch

ihre Schründe und Furchen Steine und Gerölle in
die grünen Bergwiesen herunter senden. Zur Linken
dehnen sich öde Moorstrecken und feuchte Wiesen aus,
auf welchen da und dort eine einsame Hütte steht.
Dunkle Wälder erheben sich am Saume dieser Hoch=
ebene und aus ihnen bricht ein spitzer Felsengrat, der
Zinken, hervor.

Bald erreicht man die österreichische Grenze
und gelangt von Hindelang nach etwa zweistündigem
Marsche in's schöne Thannheimer Thal.

Dasselbe ist von seinem Beginn bei Schattwald,
bis zu seinem Ende bei dem Gachtpaß 4—5 Stunden
lang und wird seiner ganzen Länge nach von der
trefflichen von Hindelang nach Reute führenden
Straße durchzogen.

Freundliche Ortschaften zieren seine Ebenen, die bald
von sanft ansteigenden, frischgrünenden Höhen, bald
von den großartigsten Bergggestalten eingeschlos=
sen sind. Kleine Zweigthäler liegen zu den Seiten,
aus denen muntere Bergwasser hervorkommen. Da
liegt am Fuße der Berge der heitere Wasserspiegel
eines See's und daneben erheben sich, — gleich aus
den Wiesen ansteigend, — ungeheure, in die kühnsten
Formen zerspaltene Felsennadeln. — So sind es bald
ernste, bald heitere Bilder, welche die Wanderung durch
dieses Thal höchst lohnend und genußvoll machen.

Der erste Ort, den man von Hindelang kommend
erreicht, ist Schattwald, wo sich eine Badeanstalt
mit schwefelhaltiger Quelle befindet. Der Ort ist nicht
groß, liegt aber anmuthig am Fuße der Berge (Pon=
tenkopf, Rahnespitze).

Die Vils, welche aus einem Seitenthale kommt, durchläuft in mannigfachen Windungen die Ebene; jenseits des Baches sieht man die Weiler Wies und Fricken, ein Berg, der Wiesler, breit und steil, und durchaus mit frischem Grün umkleidet, erhebt sich aus der Ebene.

Von Schattwald kommt man nach Zöbeln, einem kleinen Dörfchen. Hier erweitert sich das Thal. In der Ferne zeigt sich die herrlich gestaltete Rothe= flüh; zur Linken der Felskegel des Einsteines, die schroffe Spitze des Aggensteines; diesen gegenüber stei= gen auf der rechten Thalseite die Halden des Pfauen= schwanzes (volksm. Pfobenschwanz) und der Wannen= spitze an. Zwischen diesen Bergreihen zieht sich die heitere Thalfläche hin, freundlich belebt durch kleine Weiler und Ortschaften, die bald an der Straße, bald zur Seite am Fuße der Berge stehen.

Von Zöbeln gelangt man nach Thannheim (eigentlich in den Höfen), dem größten Orte des Tha= les. Die Kirche des Dorfes ist sehr hübsch und ent= hält Freskogemälde von Keller.

Im Gasthause zum „wilden Mann" findet man eine freundliche Frau Wirthin, die es versteht, ihren Gästen schmackhafte Forellen und Sälblinge und gu= ten Etschländer vorzusetzen.

Von hier aus sollte man nicht versäumen, den Vilsalpsee, der in einem kleinen Seitenthale liegt, zu besuchen. In einer Stunde gelangt man an seine Ufer; er ist rings von hohen Bergen umgrenzt, und die kahlen Felsenscheitel spiegeln sich in seinen klaren Fluthen.

Von den Abhängen der Traualpe stürzen mun=
tere Cascaden herab, die oben einem kleinen Bergsee
(Traualpsee) entquellen. Mächtige Bergspitzen, der
Schochen, die Lache und Rothspitze, ragen über
die dunkeln Tannenwälder empor, und weit drinnen,
am jenseitigen Ende des Sees, wo man die Weide=
gründe der schönen Vilsalpe gewahrt, schaut wildes
Geschröff vom Rauh= und Kugelhorne herein. Der
Bach, welcher sich dem See entwindet, ist die Vils,
die, nachdem sie in's Pfrontner Thal getreten, ihren
Lauf südlich gegen die Gebirge nimmt und unweit
des Städtchens Vils in den Lech fällt.

Am Ausgange des kleinen Vilsalpthales ist
der Bognerberg mit dem sogenannten Ungeheuer
(volksm. Ukeur) zu erwähnen, das als wilde Winds=
braut die stärksten Bäume knickt und in's Thal schleu=
dert, auch wohl geladene Heuwagen, die ihm in den
Weg kommen, umwirft u. dergl. mehr. Man hat von
einer Felsenspalte gesprochen, aus der der
gewaltige Luftstrom hervorbreche, — in der That ist
es nichts anderes als der Südwind (Föhn), der
zwischen den Bergen des engen Thales gefesselt, durch
den Schlund desselben an dem benannten Berge her=
vorbricht. —

Etwas seitwärts von Thannheim liegt das kleine
Oertchen Kren; dort zieht ein Sträßchen vorbei, das
durch ein einsames, ödes Thal — die Enge — nach
Pfronten hinausführt.

Weiter im Thale fortschreitend kommt man an den
fischreichen Halbensee, aus dessen Fluthen die hohen
Wände des Littnißschroffen und der Grünspitze

aufsteigen. Bei Nesselwängle, das man vom Hal=
densee in einer halben Stunde erreicht, ist eine der
schönsten Stellen des Thales; ungeheure Felswände,
oben in kecke Spitzen und Kämme zerspalten, starren
zur Linken; es sind die Gipfel der Rothenflüh,
des Metzenarsch oder Höllenspitzes, des Gim=
pels, Hahnekamms und der Gachtspitze.

Von Nesselwängle führt am Warbstbache hin=
auf ein Pfad durch die Berge nach Reute. Die Straße,
sich mehr und mehr senkend, führt zum Gachtpasse;
in vielen Krümmungen zieht sie sich, zum Theil
aus den Felsen gesprengt, an tiefen Abgründen hin.
Im schauerlichen Abgrund, der sich klaffend aufthut,
stürmt ein wilder, dem kleinen zur Seite liegenden
Birkthale entströmender Bergbach, der unten in der
Ebene, wo er sich in den Lech stürzt, oft bedeutende
Verheerungen anrichtet. Die Straße war früher durch
einen Paß gesperrt; noch zeigen einige Mauertrümmer
die Stelle der Befestigungen; vor wenigen Jahren ist
das Wirthshaus, durch dessen Thorbogen die Straße
zog, abgebrochen worden.

Unten in der Ebene angekommen, erreicht man den
Ort Weissenbach, schon zum Lechthale gehörig.

Wir müssen wieder zurück nach dem Orte Schatt=
wald, um unsere Wanderung in anderer Rich=
tung fortzusetzen. Ein leidliches Sträßchen führt
von Schattwald nach dem Dertchen Unterjoch*).

Nicht sehr weit von der Straße befinden sich die

---

*) Die Verbindung mit Oberjoch ist schon oben Seite
129 angegeben.

Fälle der Vils; sie sind aber kaum bedeutend genug, den weiten Umweg zu lohnen. Gegen den Zinken, den wir gerade vor uns haben, bildet das österreichische Gebiet eine Verlängerung, in welcher,
vom bayerischen ganz umschlossen, der Ort Jung-
holz liegt. Nachdem man bei Unterjoch die bayerische
Mauth passirt, gelangt man zu dem freundlichen Kirchlein dieses Ortes, dessen Häuser theils unten am Hügel, theils zerstreut an den Abhängen der Berge liegen.
Die Kirche ist besuchenswerth; das Innere ist freundlich decorirt, die Altäre neu und mit Gemälden von
J. B. Müller in München geziert; auch das Frescogemälde des Chores ist von seiner Hand.

Von Unterjoch gelangen wir, längs der Wertach,
die ihre Quellbäche hier sammelt, in ein enges, rings
von grünen Alphöhen umschlossenes Thal; hie und
da steht am Rand des Baches eine Sägmühle, oder
am Bergabhang eine Sennhütte.

Wir haben nun den Zinken umgangen, dessen Nord-
seite von der Sorgalpe, die zu seinen Füßen liegt, der
Sorgschroffen heißt, und gelangen durch stille
Waldgründe, über welche die nahen grünen Höhen
niederschauen, hinaus in's weite heitere Thal von
Wertach.

Wertach *), circa 1500 Einw. zählend, liegt in

---

*) Straßenverbindungen: über Abelharz nach Kranzegg,
Rettenberg und Immenstadt oder Sonthofen. Ueber Faistenoy
nach Oy an der Füssener Poststraße. Fußwege: Der Wertacher Starzlach entlang, am Südabhange des Grünten hin
nach Burgberg und Sonthofen. — Ueber Petersthal, Moosbach 2c. nach Kempten.

einer schönen Ebene, deren südlicher Rand von dem
Wertacherhorn, Reuterbläſſe und **Alpſpitze**
begrenzt wird. In der Pfarrkirche befindet ſich ein
Altargemälde von dem ſchon öfters angeführten fürſtl.
Kemptenſchen Hofmaler **Sing,** das die Wertacher ſicher=
lich etwas überſchätzen, wenn ſie ihm größern Werth
als der ganzen Kirche beilegen. Die Gemälde an den
beiden Seitenaltären, ſowie ein Chriſtus am Kreuze,
ſind von dem Hiſtorienmaler **Lochbühler** *).

*) F. S. **Lochbühler** wurde 1776 zu Wertach gebo=
ren; der Sohn unbemittelter Eltern, mußte er früh ſchon
den Hirtenſtab zur Hand nehmen. Bald jedoch entwickelte
ſich bei dem Knaben die Neigung zum Zeichnen und er
wurde dem churfürſtl. Hofmaler **Eberle** zu **Oberdorf** in
die Lehre gegeben. Als er die Anfangsgründe der Kunſt
erlernt, verſuchte er ſein Glück auf Reiſen und erwarb durch
Miniaturmalen ſo viel, daß er ſeine Studien an der Wiener
Akademie unter **Füger** fortſetzen konnte. Von Peſth, wo er
ſich mehrere Jahre aufhielt, ging er nach München, vollen=
dete viele Gemälde, darunter auch die Aurora nach **Guido
Reni,** auf dem Vorhange des Hoftheaters, verweilte ſpäter
einige Zeit in ſeinem Heimathort und ſiedelte dann nach
Kempten über, wo er in ſtiller Zurückgezogenheit nur der
Kunſt lebend, 1854 ſtarb. In Kempten ſahen wir die Ver=
herrlichung des tapfern **Heinrich Ritzner,** nebſt einigen bibli=
ſchen Darſtellungen von ſeiner Hand; auch das Theater da=
ſelbſt iſt nach ſeinen Plänen gebaut und der größte Theil der
Decorationen von ihm gemalt.

In Wertach ſind bei **Müller Kleiner** und **Wagner Ge=**
rum mehrere ſeiner nachgelaſſenen Bilder zu ſehen. Seine gelun=
genſten Bilder ſind ein Chriſtus am Kreuze in Ratzenried bei
Jsny; Amor und Pſyche, und Hylas von Nymphen entführt.

In der Nähe der Sebastianskapelle stand in alter Zeit eine den Edlen von Schellenberg gehörige Burg, von der nur noch der Name „Schloßbüchel" Kunde gibt.

Von Wertach führt die Straße in östlicher Rich= tung, am Fuße der Berge hin, in zwei Stunden nach Nesselwang.

Hier erreichen wir die von Kempten nach Füßen führende Poststraße. Von Kempten führt dieselbe über Durach durch den Kemptnerwald (281,000 Tag= werk haltend, theils Staats=, theils Privateigenthum) nach Ober= und Unterzollhaus, zwei kleinen Weilern; wo in früherer Zeit ein Zoll erhoben wurde.

Vom Zollhaus, zur Linken den Schwarzenber= ger Weiher, zur Rechten die hohe Gerhalde, gelangt man auf mäßig ansteigender Straße nach dem Orte Oy; hier zeigt sich der Gebirgszug von der Zugspitze bis zum Trauch= und Hörnleberg bei Ammergau sehr schön; in nordwestlicher Richtung, über bewaldetem Hügelland, sieht man den Auerberg.

Von Oy führt die Straße, nachdem sie das tiefe Wertachtobel überschritten, über Gschwend nach Nes= selwang.

Der Marktflecken Nesselwang, zählt 1500 Einw. In der Nähe am Fuße der 4833 F. hohen Alpspitze liegt die kleine Ruine von Nesselburg, im 14. Jahr= hundert den Herren v. Rettenberg gehörig. Aus den waldigen Höhen des Wankerberges schaut die Wall= fahrtskirche von Maria Trost herab. Seitwärts von Nesselwang liegt der Ort Maria Rein, wo sich der geschickte Mechaniker Riefler etablirt hat, dessen ma=

thematische Instrumente auf der Londoner, Münchner und Pariser Industrie=Ausstellung verdiente Anerkennung fanden.

Nesselwang, früher den Herren von Rettenberg gehörig, kam schon im 14. Jahrhundert an das Bisthum Augsburg. Im Jahre 1492 erhielt es durch Kaiser Sigismund die Marktgerechtigkeit; es hat ein von Fürstbischof Friedr. v. Zollern 1503 gestiftetes Spital, wie eine Inschrift an dem Gebäude sagt: „Wer die= „ses Spital hat stiften thun, dem woll Gott geben „ewigen Lohn, Friedr. Alexander, Bischof und Herr, „Graf von Zollern, das war er."

Hier war der fromme Johannes von Kempten einige Zeit Pfarrer. In der Sakristei soll ein von der Purg Rettenberg hierhergebrachter alter Kelch aufbewahrt werden.

Nesselwang ist der Geburtsort des vor Kurzem verstorbenen geschickten Malers Ortlieb.

Von Nesselwang erreicht man über die Weiler Wank und Kappel den Ort Pfronten=Weispach, wo sich die Straße theilt; links führt dieselbe über Weißensee nach Füssen, rechts durch's Pfrontnerthal über Vils nach Reute.

Das Pfrontnerthal, das frons Raethiae der Römer, breitet seine Ebene, von der Vils und Ach durchströmt, am Fuße hoher Berge aus. Von den Anhöhen bei Weispach übersieht man es seiner ganzen Ausdehnung nach; eine Menge freundlicher Ortschaften zieren die weite Fläche, oder ziehen sich an den sanft ansteigenden Hügeln hin; im Hintergrunde

erheben sich mächtige Berge, grüne Wiesen von dun=
keln Waldungen umgeben, ziehen sich daran hinauf
und oben starren steile, graue Felsengiebel in den man=
nigfaltigsten Formen.

Der Kienberg, der mächtige Aggenstein (6089 F.)
mit seinen dräuenden Gewänden, der Roßberg mit
tiefen Furchen und Rissen, der gezackte Breiten=
berg, weiter hin der Rottenstein, zwar nur nieder
aber steil zugespitzt, der Vilserkegel und über diesem
die steilen Felsenhänge des Hochkarrn umrahmen von
der einen Seite das Thal; links auf hoher Felsen=
spitze schaut die Burg von Falkenstein hernieder,
und westlich, wo die Höhen sich sanfter abdachen,
gewahrt man die Mauerreste der Schlösser Freiberg
und Eisenberg. Viele Ortschaften, alle mit dem
Beinamen Pfronten, sind nach Pfronten=Berg,
dem Kirchdorfe, (mit seinen am Hügel hinziehenden
Häuserreihen, über die sich ein schlanker Kirchthurm
erhebt, einen lieblichen Anblick gewährend), eingepfarrt.
In diesem Thale soll der heil. Magnus auf seinem
Bekehrungszuge längere Zeit geweilt haben.

Lange schon waren die kriegerischen Vindelechen,
deren Hauptstamm sich hier, zwischen Lech und Wer=
tach festgesetzt, dem Römerschwerte erlegen; lange schon
waren die Römer durch die eindringenden Suev=Ale=
mannen vertrieben, als der fromme Magnus die Lehre
des Heils in diesen Thälern verkündete. Noch erin=
nert der Mangenbrunnen, eine Quelle auf dem nahen
Roßberge, der Mangensitz und Mangenacker an des
heiligen Mannes Walten in dieser Gegend. Von hier,
so geht die Sage, soll er sich nach den einsamen Wald=

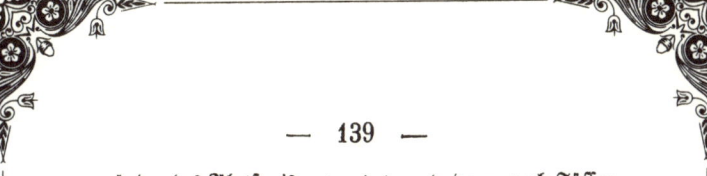

gründen des Alatsee's gewendet, und dann nach Füssen gewandert sein.

In Pfronten=Ried und Heitlern wohnen die geschickten Mechaniker Haff, deren mathematischen Instrumente, Reußzeuge u. dergl. die weiteste Verbreitung finden.

Die Bewohner des Pfrontnerthales beschäftigen sich außer der Landwirthschaft, hauptsächlich mit Gütertransport von Reute nach Kempten und zurück; auch mit Gyps, den man in nahen Bergen bricht, wird lebhafter Handel getrieben, da er als Düngungsmittel beim Kleebau, von den unterländischen Bauern sehr gesucht ist. In der Nähe der Fallmühle sollen sich in einem Steinbruche sehenswerthe Versteinerungen (Baumstämme) befinden.

Der Aufenthalt in Pfronten ist, da man in den größern Orten recht gute Gasthäuser findet, sehr angenehm. Die schönen Berge, welche sich rings erheben, die freundlichen Thäler, die sich nach allen Seiten öffnen, gewähren reichlich Gelegenheit zu den mannigfaltigsten Ausflügen. — In Pfronten=Ried befindet sich das kgl bayer. Hauptzollamt.

Unsern Weg von Pfronten=Weispach nach Füssen fortsetzend, gelangen wir über Kreuzegg nach Weißensee. Zur Seite haben wir den lieblichen Anblick des Pfrontnerthales, gerade vor uns auf steiler Höhe (4422 F.) ragt der morsche Thurm des Falkensteins, und zur Linken zeigen sich auf fernen Hügeln die noch im Verfalle schönen Ruinen von Freiberg=Eisenberg.

Die Höhe des Falkensteins bietet eine sehr

schöne Ansicht der Gebirge, von dem Trauchberge bei
Ammergau bis zu den Pfrontner Bergen, in's schöne
Vilsthal, in das weite nördl. sich ausdehnende Gelände.

Wer diese Burg erbaut, ist unbekannt. Im Mit=
telalter war sie Eigenthum der Bischöfe von Augsburg,
von denen mehrere bei ihren vielfältigen Fehden Schutz
vor ihren Feinden in dieser, durch ihre Lage so sichern
Burg fanden. Vom Jahr 1422 bis 1557 kommen die
Namen der Pfleger und Vögte von Falkenstein ur=
kundlich vor.

Die Ruinen von Freiberg und Eisenberg (von
Weißpach über Kreuzegg und Zell zu erreichen), liegen
auf zwei Hügeln, die zu der Zeit, als die beiden Bur=
gen noch hoch und wehrhaft standen, eine Zugbrücke
verbunden haben soll.

Freiberg = Eisenberg, die Wiege eines der älte=
sten Adelsgeschlechter Schwabens, einst mit Thurm
und Zinnen hoffärtig in's weite schöne Land nieder=
schauend, ist heute nur mehr ein Trümmerhaufe. —
Wenn man die Schloßhügel hinaufsteigt, sich der herr=
lichen Aussicht auf Berge und Auen zu erfreuen, wenn
man über die morschen Mauertrümmmer hinwegklet=
tert, erinnert man sich wohl der Worte eines deut=
schen Sängers:

> „Im alten Schloßhof an des Thurmes Fuß,
>   Von dem einst freudig wehten die Standarten
> In's tiefe Thal den ritterlichen Gruß;
> Auf den die Vorzeit ihre Schauer gießt.
>   Wo hoch die Mauer trotzt, aus deren Scharten
> Kein Schütze mehr den sichern Bolzen schießt,
>   Läßt sich des Tags Verdämmern schön erwarten.

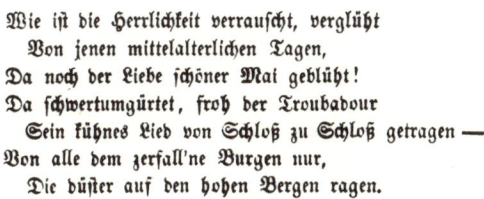

Wie ist die Herrlichkeit verrauscht, verglüht
　　Von jenen mittelalterlichen Tagen,
Da noch der Liebe schöner Mai geblüht!
Da schwertumgürtet, froh der Troubadour
　　Sein kühnes Lied von Schloß zu Schloß getragen —
Von alle dem zerfall'ne Burgen nur,
　　Die düster auf den hohen Bergen ragen.

Kühl von den Bergen weht hieher die Luft
　　Melodisch säuselnd um die jungen Loden —
Es athmet hier ein süßer Tannenduft,
Der Träume bringt und die Erinnerung weckt.
　　Nur zögernd tritt der Wand'rer diesen Boden,
Da ihn des Echo's Klageruf erschreckt,
　　Als höre er die Stimme großer Todten!"

Setzen wir unsern Weg nach Füssen fort. Auf
der Straßenhöhe bei Weißensee haben wir das lieb=
lichste Rundgemälde vor uns: die lange Reihe der Ge=
birge, aus welcher die Zugspitze, der Säuling, der
Strauß= und Tegelberg, die Hochplatte, der Trauchberg
in kühnen Linien emporragen, freundliches Hügelland
mit Dörfern und Weilern geziert, in der Ferne die
Stadt Füssen, mit ihrer mittelalterlichen Burg, der
glitzernde Seespiegel in der Nähe, von weichem Wie=
sengrün umfangen, auf nahen Berghöhen ernste Rui=
nen — Alles eint sich zum freundlichsten Bilde.

Von Weißensee erreicht man das Städtchen
Füssen, stets an den Ufern des See's hinwandelnd,
in dessen Fluthen sich die bewaldeten Höhen des Hei=
duckenkammes spiegeln, in zwei Stunden.

Füssen und Hohenschwangau.

Füssen *), das alte fauces Juliae, anmuthig zu beiden Seiten des rasch dahinströmenden Leches gelegen, ist merkwürdig durch den zwischen Churfürst Max von Bayern und Maria Theresia den 22. April 1745 abgeschlossenen Frieden, der den österreichischen Erbfolgekrieg zu Ende brachte.

Von Gebäuden ist besonders die wohlerhaltene umfangreiche Burg mit zinnengezierten Thürmen und Erkern, stolz vom hohen Felsen niederschauend, bemerkenswerth. Das Schloß ist 1322 vom augsburgischen Bischof Friedrich von Faimingen erbaut und in der ganzen Gegend das einzige Bauwerk aus alter Zeit, das alle Kriegsstürme glücklich überdauernd, noch wohl erhalten auf uns gekommen ist. Das Innere der Burg enthält für den Architekten, Maler und Kunstfreund manches Interessante. Neben dem Schlosse erhebt sich das ehemalige, von dem heil. Magnus 638 gestiftete, jetzt dem Freiherrn von Ponikau gehörige Kloster, dessen Gebäulichkeiten am Anfange des vorigen Jahrhunderts erneuert wurden.

Die Pfarrkirche zu St. Mang, zu dem früher bestandenen Kloster gehörig, wurde von 1701 — 17 von

---

*) Füssen, Stadt, 1676 Einw., Sitz des k. Landgerichts, Rentamts, Salzoberfactorie, Magistrats, Nebenzollamts und einer Postexpedition. Es besitzt ein Spital und ein Franziskanerkloster; früher wurden hier viele Saiteninstrumente gefertigt; rühmlichst bekannt sind die hiesigen Steinmetzmeister. Es hat eine Buchdruckerei, Mühlen- und Hammerwerke am Lech, auf welchem bedeutender Holzhandel getrieben wird.

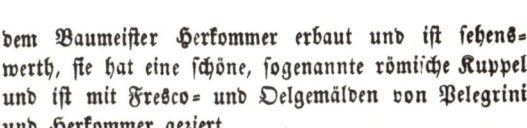

dem Baumeister Herkommer erbaut und ist sehens=
werth, sie hat eine schöne, sogenannte römische Kuppel
und ist mit Fresco= und Oelgemälden von Pelegrini
und Herkommer geziert.

In der Freibergischen Kapelle sind mehrere alte
Familien=Grabdenkmale sowie ein Todtentanz (ähnlich
dem in Oberstdorf) zu sehen; im Chor befindet sich
ein altes Bild, Karl den Großen darstellend, von einem
unbekannten Meister. In der St. Mangenkapelle wird
ein Theil des Reisestabes des heil. Magnus (der andere
befindet sich in St. Gallen), sein silberner Kelch, Stola
und Manipel aufbewahrt. Von hohem Interesse ist
die an die Gruft stoßende byzantinische Kapelle, in
welcher (angeblich) der heil. Magnus begraben sein soll.

In der Nähe des Städtchens ist das Gesundbad
Faulenbach, wohin ein sehr hübscher Spaziergang
führt; die Quelle des Bades ist schon von Alters her
als heilkräftig bekannt, wie aus der Beschreibung des
Dr. Bilger, Stadtarzts zu Kempten, v. J. 1650 her=
vorgeht. Die Badegebäude sind neu erbaut und com=
fortabel eingerichtet. Jenseits des Lechs an der Tyro=
ler Straße befindet sich ebenfalls eine Mineralquelle.

Ein angenehmer Ausflug läßt sich von Faulenbach
nach dem nahen Alatfee machen. Träumerische Ruhe
umgibt die Ufer dieses einsam gelegenen See's; nur
das Echo, wenn es geweckt wird, tönt vielstimmig von
Wald und Bergeshang zurück. Vom See führt ein
Fußpfad nahe an den Ruinen von Vilseck vorüber,
wo einst der Sage nach die heil. Vehme ihren Sitz
gehabt haben soll, nach dem Städtchen Vils. Der

Rückweg nach Füssen kann über Weißhaus genommen werden.

Nun wollen wir unsere Schritte nach der Königsburg Hohenschwangau lenken, um die herrlichen Bilderhallen dieses Schlosses und seine liebliche Umgebung zu durchwandern. Jenseits der Theresienbrücke, welche die Stadt mit der Vorstadt verbindet, theilt sich die Straße; rechts führt dieselbe nach Reute in Tyrol.

Man gelangt auf derselben in einer Viertelstunde zu den Fällen des Lech's, der seine grünen Wasserfluthen zwischen hohen Felsenwänden in die Tiefe stürzt; zur Rechten der Straße steht ein eisernes Kreuz; daneben befindet sich im Felsen eine Vertiefung, der Mangentritt. — Der heil. Magnus soll nämlich hier, von Feinden verfolgt, vom jenseitigen Ufer herübergesprungen sein, und zum ewigen Merkmal dieses Wunders diese Fußtapfen in den Felsen eingedrückt haben.

Der linke Straßenzweig führt an den Abhängen des Pulerberges durch den freundlichen Park nach Hohenschwangau.

Wir wählen jedoch den anmuthigern, wenn auch etwas mühsamern Weg über den Kalvarienberg, der namentlich in seinen obern Partien, durch hübsche Anlagen, Kapellen und Grotten 2c. geziert, den angenehmsten Wechsel bietet, und überdieß den Besucher mit einer sehr schönen Rundsicht in die Ebene des Leches und gegen die nahen Berge erfreut. Im Süden thront auf hohen Marmorwänden die zinnenreiche Königsburg, über welcher die schroffen Gibel des Säuling, des Tegel- und Strausberges niederschauen. Zu den Füßen des Schlosses glänzt der tiefblaue Schwansee, von lieblichen Anlagen umgeben. Der bewaldete Kien und der marmorreiche Schwarzenberg ziehen mit ihren breiten Kämmen gegen die österreichische Grenze. Westlich, wo der Lech durch's freundliche Thal heran= strömt, erblickt man das Städtchen Vils, das kleinste in Tyrol. Gleich unten, am Fuße des Kalvarienber= ges, wo das helle Band der Straße am Fuße dunkler Berge hinzieht, stehen die Mauthgebäude von Weiß= haus; dort ist auch die Grenze zwischen Oesterreich und Bayern durch eine vom Schwarzenberg bis zum Leche herabziehende Pallisadenwehr angedeutet.

Prächtige Berge heben sich dort aus dem Thale, von Alpenmatten umgrünte, bewaldete, aber auch schroff sich thürmende, deren kahle graue Spitzen sich grell vom blauen Himmel abheben *).

Zunächst an dem nördlichen Abhange des Berges liegt das Städtchen Füssen, in dessen Gassen man über die Gibel der Dächer hineinschaut; eine weite Ebene, durch die der Lech zwischen mächtigen Kiesbänken dahin= rauscht, dehnt sich vom Städtchen nach Nordosten; aus den weiten fruchtreichen Auen glänzen die Wasserspiegel des Bannwald=, Hopfen= und Weißensee's; auf fernen Höhen steht man über dunklen Tannenwälder die Rui= nen von Falkenstein und Freiberg=Eisenberg ragen, und weit draußen schimmert das Kirchlein des Auer= berges.

---

*) Sie heißen von Süden nach Norden: die Gehrenspitze (Hailerschroffen), Schlückenkopf, Musauerberg, Hochkarre, Vilserkegel, Rottenstein, Roßberg, Aggenstein.

Bald erreicht man, an der Südseite des Kalvarien=
berges hinabsteigend, die weit ausgedehnten Parkan=
lagen, durch deren schattige Gänge am Ufer des blin=
kenden Schwansee's hinwandelnd man an den
Fuß des Schloßberges, der steil und hoch aus der
Ebene ansteigt, gelangt. Durch das Tannendunkel
führt hier ein schmaler Fußweg zum Burgthor hinan.
Die Fahrstraße zieht sich um den Schloßberg herum,
an dessen Südseite das Oertchen Schwangau liegt.
An den freundlichen Gartenräumen des Gasthauses
vorüber, die sich am See hinziehen, eilen wir auf schö=
ner Straße zur Felsenhöhe hinan, wo sich die Erker
und Thürme der Burg aus dem frischen Grün mäch=
tiger Baumgipfel erheben, jener Burg, deren Geschichte
hinaufreicht bis in die sagenhaften Zeiten des Gothen=
königs Dietrich von Bern, wo einst die mächtigen
Geschlechter der Welfen, Hohenstaufen und Schyren
geboten, deren Lehenträger die Edeln von Schwangau
waren. Hier sang Hiltepold seine Minnelieder, hier
nahm Konradin, der letzte Hohenstaufe, ehe er den
unheilvollen Zug nach Welschland unternahm, Ab=
schied von seiner Mutter; hier fand Luther, von seinen
Feinden gefährdet und verfolgt, Aufnahme und Schutz.

Die ehemalige Reichslehenherrschaft Hohenschwangau
bestand, außer mehreren Gütern in Tyrol, aus dem
Hals= und Banngerichte Schwangau und Berghofen,
aus den Untergerichten Waltenhofen und Trauchgau,
nebst Wildbann, Geleit, Fischrechten und der Vogtei
über die Unterthanen des Klosters Steingaden, und
umfaßte vier Quadratmeilen. Hiltepold von Schwan=
gau (wahrscheinlich der Minnesänger) ist der erste

dieses Geschlechtes, der im 12. Jahrhundert urkundlich
vorkommt. Schloß und Herrschaft blieben nach man=
chen Wechselfällen bis zum Jahre 1544 im Besitze
der Edeln v. Schwangau, in welchem Jahre Hans
v. Baumgarten, kaiserl. Rath und Erbmarschall zu
Augsburg, die Herrschaft käuflich erwarb. Derselbe
ließ das Schloß mit großem Aufwande erneuern, mußte
aber die Herrschaft 1561 an Markgraf Friedrich von
Brandenburg für 120,000 fl. verpfänden; der Letztere
trat sie 1567 an Bayern ab. Als eigenes Nebengebiet
in seiner bisherigen Verfassung gelassen, wurde die
Herrschaft gewöhnlich einem Bruder des regierenden
Herzogs gegeben. Nach dem Tode des Herzogs Mar
Philipp verlieh Kaiser Joseph I. dieselbe dem Stifte
Augsburg, welches sie aber 1714 wieder an Bayern
abtreten mußte. Seit dieser Zeit wurde sie als eigenes
Pfleggericht verwaltet, und 1803 mit dem Landgerichte
Schongau vereinigt. Im Tyrolerkriege v. J. 1809
erlitt das Schloß so starke Beschädigungen, daß es nach
und nach zerfiel und 1820 auf Abbruch verkauft wurde.

Im Jahre 1832 erwarb Se. Majestät der König
Maximilian II. von Bayern, damals Kronprinz,
diese klassische Stätte, und schuf hier ein herrliches
Denkmal deutscher Kunst. „Denn er führte die Gei=
ster der Vorzeit wieder in wohnliche Räume und fesselte
sie freundlich an diese neue Wohnung, indem er durch
die besten Meister der Münchner Schule die Hallen
und Säle mit ihren Thaten schmücken ließ.“

Unter dem Laubdache überhängender Buchen führt
die sanft ansteigende Straße zwischen Alpsee und Schwan=
teich, theilweise aus den Marmorfelsen gesprengt, zu

7*

dem Schloßthore. Durch die Hallen der Eingangs=
pforte, über welcher zwei von Schwanthaler in Sand=
stein ausgeführte Ritter das bayer. Wappen und das
der Edeln v. Schwangau halten *), gelangen wir in
den Schloßhof.

Mächtige Linden und Buchen neigen ihre frisch=
grünen Wipfel über die Ringmauern herein, unter
deren Schatten lauschige Ruheplätze angebracht sind.
Hier, gleich am Eingange des Burghofes, sprudelt der
Marienbrunnen, mit einem schönen Madonnenbilde von
Glink geziert; dort erhebt sich, im heitersten Farben=
schmucke prangend, der Cavalierbau; — und nun die
schöne, blumengeschmückte Schloßtreppe hinansteigend,
empfängt den Wanderer der freundliche Gruß:

> „Willkommen, Wanderer, holde Frauen,
> Die Sorge geht dahin,
> Laßt eure Seele sich vertrauen
> Der Dichtung heiter'm Sinn."

Zuerst gelangt man in den mit der Schloßkapelle
verbundenen

Waffen=Saal.

Zu den Seiten eines schönen Altares sind Glas=
gemälde angebracht, die den ganzen Raum mit magi=

---

*) Ueber dem Eingange ist die Inschrift angebracht:

> „Hohenschwangau zum Schwanstheine,"
> erbaut von den Edeln von Schwangau im XII. Jahrhundert,
> wiederhergestellt von dem
> **Kronprinzen Maximilian von Bayern,**
> im Jahre des Herrn MDCCCXXXVI,
> ausgeführt von Dominik Quaglio."

schem Helldunkel erfüllen. Die Wände sind mit alten Waffen, Schilden, Flammbergen, Hellebarden, Armbrusten, Schwertern, Streitkolben 2c. geziert. Geharnischte Rittergestalten (unter welchen die Rüstungen eines Ritters von Schwangau) stehen zur Seite.

Eine schöne Wendeltreppe führt in den ersten Stock. In dem Vordergemache sind in einem Schranke alte Trinkgefäße, Humpen, Pokale 2c. aufbewahrt, darunter einer, welcher einst Eigenthum des berühmten Nürnberger Patriziers Willibald Pirkhaimer gewesen war. Auf dem Balkone, welcher sich über dem platten Dache des Küchengebäudes hinzieht, hat man eine prachtvolle Aussicht.

Durch die mit Glasgemälden aus dem 16. und 17. Jahrhundert gezierten Flügelthüren betritt man den

Schwanritter=Saal.

Dieser enthält vier, der Sage vom Schwanritter *) entnommene, von Ruben componirte und von Neher und Quaglio ausgeführte Gemälde:

---

*) Wir wollen hier, zum bessern Verständnisse der Bilder, die Sage vom Schwanritter kurz anführen: Oriant und Bietris, das Königspaar, hatten sieben Kinder, sechs Söhne und eine Tochter, welche alle goldene Kettchen um den Hals trugen. In Abwesenheit Oriant's befiehlt Mataburn, die böse Schwiegermutter, von Haß entbrannt, einem Knechte, alle Kinder umzubringen; dieser erbarmt sich derselben und bringt sie zu einem Einsiedler im Walde, der sie erzieht. Nach sieben Jahren erfährt aber Mataburn, daß die Kinder noch am Leben seien und befiehlt dem Knechte wiederholt, die Kinder zu ermorden und zum Zeichen der vollbrachten That

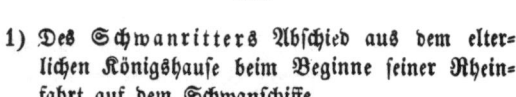

**1) Des Schwanritters Abschied aus dem elter=
lichen Königshause beim Beginne seiner Rhein=
fahrt auf dem Schwanschiffe.**

die goldenen Kettchen mitzubringen. Der Knecht findet das
älteste Kind, den Helias, nicht zu Haus; den andern sechs
nimmt er blos die Kettchen ab; doch sobald dieselben gelöst
sind, verwandeln sich die Kinder in Schwäne und entfliehen
in den nahen Weiher. Der Knecht bringt nun die sechs
Halsringe der Mataburn, vorgebend, das siebente ver=
loren zu haben. Mataburn will sie durch einen Goldschmied
in einen Klumpen zusammenschmieden lassen; derselbe erhält
aber schon von dem ersten Kettchen eine so gewichtige Stange,
als er von allen sechs zusammen erwartet hatte; er hebt
daher die übrigen fünf Ringe auf und übergibt die Gold=
stange der Mataburn. Die Schwäne sind indessen aus dem
Weiher den Fluß entlang in den Königsgarten gelangt.
Helias, zurückgekehrt, vermißt seine Geschwister. Diese suchend,
nähert er sich dem königlichen Schlosse. — Die Unschuld der
jungen Königin kommt durch das Geständniß des Knechtes an
den Tag; der Goldschmied liefert die fünf Kettchen aus, und
wie sie den Schwänen umgelegt werden, verwandeln sie sich in
vier Prinzen und eine Prinzessin. Der sechste Schwan, für
den, durch die Tücke der bösen Mataburn, der Ring fehlt,
muß Schwan bleiben, und ist darüber sehr betrübt. Oft
besucht er seine Geschwister und kehrt dann wieder in den
Schwanenteich zurück.

Eines Tages kommt er vor einem wunderschönen Schiffe
daher geschwommen; er ruft seinem Bruder Helias durch Ge=
schrei und scheint ihn in das Schiff einzuladen. Dieser, den
Ruf verstehend, besteigt das Schiff, nimmt Abschied von
seinen Aeltern und erhält von Oriant das wunderbar
tönende Horn, ein Familienkleinod. Von dem Schwan ge=

2) Der Kaiser, betrübt über die falsch angeklagte Herzogin von Bouillon, hört das Horn des Schwanritters.

3) Der Schwanritter erschlägt im Gotteskampfe den Grafen von Frankenburg, und offenbart die Unschuld der Herzogin.

4) Des Schwanritters Hochzeit mit der Tochter der Herzogin von Bouillon zu Nimwegen.

Die Fenster der auf den großen Balkon führenden Thüren sind mit Glasgemälden von Keller aus Nürnberg geziert. Auf dem Balkone hat man eine herrliche Aussicht nach dem Alpsee und den schönen Bergen der Umgebung. —

Vom Schwanritter-Saal gelangt man in den

Schyren-Saal.

Acht Gemälde, von W. Lindenschmit entworfen und ausgeführt, schmücken denselben:

1) Herzog Luitpold im Sturme auf das Lager der Normannen an der Dyle bei Löwen. 892.

---

zogen, gelangt das Schiff einen großen Fluß hinab nach der Stadt Nimwegen, wo Kaiser Otto Hof hält.

Der Graf von Frankenburg hat eben die Herzogin von Bouillon angeklagt, daß ihre Tochter unehelich, und das Land nun rechtmäßig ihm zufalle. Da vernimmt der Kaiser, betrübt über die Anklage, die wunderbaren Töne von des Schwanenritters Horn. — Dieser erbietet sich, für der Herzogin Unschuld zu kämpfen, erschlägt im Gotteskampfe den Grafen von Frankenburg und erhält als Siegeslohn die schöne Clarissa, die Tochter der Herzogin, mit der er zu Nimwegen Hochzeit hält.

2) Wettkampf Herzog Christoph's mit dem pol=
nischen Riesen Lublin zu Landshut. 1475.

3) Johann Aventin, bayerischer Geschichtsschrei=
ber. 1534.

4) Herzog Ludwig rettet in einer Wassernoth vor
Cairo das Kreuzheer. 1221.

5) Herzog Ludwig gelobt der Gräfin Ludmilla von
Bogen vor den gemalten Rittern die Ehe. 1204.

6) Versöhnung Ludwig des Bayern mit seinem
Gegner Friedrich dem Schönen. 1325.

7) Siegesmahl nach der Schlacht bei Ampfing. 1322.

8) Otto von Wittelsbach schützt Kaiser Fried=
rich I. in dem Aufruhr zu Rom. 1155.

Beachtenswerth ist die große, runde, geäzte Tisch=
platte, nach einer Inschrift im Jahre 1591 für Herzog
Wilhelm V. angefertigt. Eine sehr schön gearbeitete
Freitreppe von vergoldeter Bronce führt von diesem
Zimmer in das sogenannte warme Bad hinunter.

An den Schyren=Saal stößt das türkische, den

Erinnerunngen an den Orient

gewidmete Zimmer. Es ist ganz im orientalischen Ge=
schmacke decorirt, und enthält folgende, von W. Scheuch=
zer nach Widmer's Zeichnungen ausgeführte Land=
schaften:

Smyrna; Troja; Mytilene; die Dardanel=
len; Konstantinopel und Bujucdere.

Die andern Darstellungen sind von Monten aus=
geführt und beziehen sich auf die Reise, welche Se.
Maj. der König als Kronprinz nach dem Oriente
unternahm. Wir sehen:

Die Einfahrt in Beylerbey;

den Besuch Sr. Königl. Hoheit bei dem Sultan Mahmud II.

(Unter Anderm mit den Porträten von Chosrew Pascha, Achmed, Kapudan Pascha, Namik Pascha.)

Einzug mit König Otto in Athen.

In den Schwanrittersaal zurückgekehrt, betritt man rechts jenes Zimmer, das die

Ortsgeschichte von Hohenschwangau
und Begebenheiten der Umgegend

zur Anschauung bringt. Es enthält folgende sieben, von Lindenschmit entworfene und ausgeführte Gemälde:

1) **Bestürmung des Klosters Rothenbuch** durch Georg von Schwangau. 1280.

2) **Conradin's von Schwaben Abschied** von seiner Mutter in Hohenschwangau. 1267.

3) **Der Minnesänger Hiltepolt von Schwangau** mit zwei Ritterfräulein am Ufer des Alpsee's.

4) **Kaiser Lothar,** wie er zu Breitenwang die Krone an den Welfenherzog Heinrich den Stolzen übergibt. 1137.

5) **Konrad von Schwangau** wird verwundet nach Steingaden gebracht. 1310.

6) **Luther's Flucht von Augsburg** unter Langenmantel's Schutz. 1518.

7) **Kaiser Maximilian's I. Unterredung** mit Gayler von Kaisersberg zu Füssen, dem er seine letzten Wünsche und Besorgnisse mittheilt. 1519.

Das nun folgende

Bertha=Zimmer

enthält fünf, nach M. v. Schwind's lieblichen Compositionen von X. Glink, Lorenz Quaglio, Alb. Adam und M. Neher ausgeführte Gemälde:

1) Bertha, die Tochter des Königs der Bretagne und des Bayernherzogs Pipin bestimmte Braut, von den gedungenen Mördern verschont, aber im Walde einsam verlassen, findet freundliche Aufnahme in der Reismühle bei Gauting.

2) Pipin verirrt sich auf der Jagd und findet Bertha.

3) Pipin wird von seinem Jagdgefolge vermißt.

4) Bertha am Webstuhle beschäftigt.

5) Pipin und Bertha ziehen mit ihrem Sohne Karl (dem nachherigen Kaiser Karl d. Großen) in die Burg zu Weihenstephan bei Freising ein.

Nun folgt das

Damen=Zimmer,

welches „Bilder deutschen Frauenlebens im Mittelalter" enthält.

Der Stoff zu den von Glink, Gießmann und Neher ausgeführten Gemälden ist der Geschichte der Pfalzgräfin Agnese, Gemahlin Otto's von Wittelsbach entnommen. Wir sehen die vier wichtigsten Lebensepochen einer deutschen Frau (als Kind, Jungfrau, Mutter und Matrone) dargestellt.

Das zweite Stockwerk, von Sr. Maj. dem Könige bewohnt, enthält im

Helden=Saal

Darstellungen aus der Wylkina=Sage *). Die Com=
positionen sind von M. v. Schwind, die Bilder von
Adam, Gießmann, Glink, Neher, Nilson, Schimon
und Schneider ausgeführt:

1) **Siegfried** des Griechen Tochter besucht ihren
Geliebten, um ihm zum Kampfe für den folgen=
den Morgen den Siegesstein ihres Vaters zu
bringen.

2) **Sisilie** verbirgt ihr neugebornes Kind, Sieg=
fried den Schnellen, im Schilse.

3) **Herbart**, welcher um Königs Artus Tochter,
Hilda, werben soll für Dietrich von Bern, zeich=
net dessen Bildniß häßlich an die Wand, um
Hilda für sich zu gewinnen.

4) **Osantrir**, der König vom Wylkinenlande, zieht
seiner Braut, der Königstochter Oda, den gol=
denen Schuh an.

5) **Dietrich** von Bern und **Hildebrand** von
Venedig bekämpfen das Riesenpaar Grimm und
Hilda, denen sie ihre Schätze abnehmen.

6) **Dietrich's** und **Wittich's** Zweikampf und Ver=
söhnung.

7) (Ueber der Thüre.) Ein Elfe überrascht die im
Garten schlafende Gemahlin König **Aldrian's** vom
Niebelungenlande, mit welcher er den grimmen
Hagen zeugte.

---

*) Siehe Heinr. v. Hagen's Uebersetzung der Wylkina=
Sage. Breslau, Mar u. Comp.

8) Rüdiger und Osid entführen des Königs Osantrix Töchter, Erka für Attila, und Bertha für Rüdiger.

9) Dietrich und Dietlieb an König Ermenrich's Fest in Rom.

10) (Ueber der Thüre.) Sintram wird im Schlafe von einem Drachen überfallen, und hierauf von Dietrich gerettet.

11) Dietrich zieht mit den Seinen vor der Uebermacht König Ermenrich's aus Bern.

12) Bolfriana mit dem von Yron erhaltenen, und in den Geber verliebt machenden Zauberring.

13) Die Königstochter Herburg wirft ihrem Geliebten Apollonius, des Königs Artus Sohne und Yron's Bruder einen Apfel zu, welcher ihre Liebeserklärung enthält.

14) Die Hunnenkönigin Erka rüstet ihre Söhne, um mit Dietrich in den Kampf zu ziehen.

15) (Ueber der Thüre.) Wieland der Schmid entflieht in einem Flügelkleide dem Könige Niebung, auf dessen Befehl der Bruder Wielands nach ihm schießen muß, jedoch nach der, jenem unter die Brust gebundenen und mit Blut gefüllten Blase zielt.

16) Dietrich's Sieg über König Ermenrich bei Gronsport an der Mosel, durch welchen er sein Reich wieder gewinnt.

Vom Helden-Saal betritt man zur Linken den

Hohenstaufen-Saal.

Die Gemälde dieses Saales sind sämmtlich von Lindenschmit. Wir sehen rechts am Eingange:

1) Friedrich Barbarossa besiegt das große Tür-
kenheer bei Iconium.

2) König Konradin auf der Flucht von Frangi-
pani eingeholt. 1268.

3) König Enzius in der Gefangenschaft zu Bo-
logna. 1270.

4) Kaiser Friedrich II. empfängt die Schlüssel der
Stadt Jerusalem. 1229.

5) Kaiser Friedrich Barbarossa demüthigt die
Mailänder, die sich an der Spitze des lombardi-
schen Städtebundes gegen ihn empört hatten. 1162.

6) Barbarossa's Untergang im Flusse Seleph. 1190.

An den Hohenstaufen=Saal stößt das

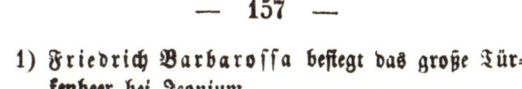

Tasso=Zimmer,

welches Gemälde aus Tasso's befreitem Jerusalem enthält. Die Entwürfe sind von Schwind, die Ausfüh-
rung der Bilder von Glink. (Geschlossen.)

Vom Heldensaal rechts gelangt man in das der

Geschichte der Welfen

gewidmete Zimmer, die Thaten Heinrich des Löwen
verherrlichend; sämmtliche Gemälde sind von Lindenschmit entworfen und ausgeführt. Es sind folgende
Bilder:

1) Heinrich der Löwe besiegt und bekehrt die
Slaven. 1170.

2) Heinrich der Löwe, als Städtegründer, erbaut
München.

3) Gastlicher Empfang Heinrich des Löwen beim
Sultan von Iconium. 1175.

4) **Barbaroffa** flebt **Heinrich ben Löwen** an, ihm und dem Reiche treu zu bleiben. 1177.

5) **Einzug Heinrich bes Löwen** mit seinem ge= fangenen Gegner in Braunschweig. 1180.

6) **Heinrich** auf dem Sterbelager burch ben Blitz unerschüttert. 1195.

Nun gelangt man in das mit Gemälden nach Com= pofitionen von M. v. Schwind, von Glink und Abam gezierte

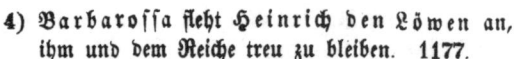

Autharis = Zimmer.

Wir sehen hier:

1) **Autharis**, den Longobarbenfürsten, wie er, ver= kleibet, als abgesandter Freiwerber um **Theube= linbe**, Herzog Garibalb's Tochter, erscheint, ihr bei Ueberreichung des Pokals die Hand berührend.

2) **Autharis** gibt sich, seine Streitart in eine Eiche schleubernd, den ihn an die Grenze Bojariens be= gleitenben Großen des Landes durch den Ausruf: „Solche Hiebe führt Autharis" zu erkennen.

3) **Theubelinbe** klagt ihrer Amme, daß der ver= meintliche Gesanbte bei Ueberreichung des Pokales ihre Hand berührt habe.

4) **Theubelinbe**, dem scheibenden **Autharis** nach= blickenb, während einige Männer zurückkehren, ihr die Art und die Kunde des Geschehenen zu bringen.

Die beiden letztern Bilder haben die Ueberschrift: „**Theubelinbens Klage und Erwartung.**"

Das nächst folgende Zimmer enthält nach Schwind's Compofition Scenen aus dem

Ritterleben im Mittelalter.

Die Gemälde sind von Glink, Adam, Neher und Nilson ausgeführt. Ueber der einen Thüre stehen folgende Verse:

Des Ritters Dienst, der Waffen Ehr' und Zier,
Die Falkenjagd auf leichter Haide,
Der Liebe Freud' und Leid erscheinen hier
Im Farbenglanz zur Augenweide.
Sie sind die Bilder einer schönern Zeit,
Der minneseligen Vergangenheit.

Die einzelnen Bilder stellen folgende Scenen aus dem Ritterleben dar:

1) Erster Unterricht im Reiten.
2) Erste Waffenwache.
3) Ritterschlag.
4) Dankertheilung nach dem Turnier.
5) Falkenjagd.
6) Erste Liebe.
7) Abschied vor dem Kreuzzug.
8) Waffenthat im Orient.
9) Rückkehr.

Im dritten Stockwerk, wo sich nebst andern Zimmern die Gemächer der königl. Prinzen befinden, sind mehrere von Ruben componirte und von Quaglio, Neher und Adam ausgeführte Gemälde zu sehen, die, früher das Damenzimmer schmückend, nun hier angebracht sind.

In die Waffenhalle zurückgekehrt, sehen wir noch das sogenannte Warmbad; es ist von Hanson mit herrlichen Göttergestalten geschmückt und, wie wir schon oben bemerkten, durch eine geschmackvolle Treppe mit dem Schyrensaal verbunden. Ein in den Felsen ge= hauener Gang führt nach dem Felsen= oder Mar= morbade. Zwei Nymphen von Schwanthaler, durch die magische Beleuchtung der Glasthüren von lebens= frischen Tinten überhaucht, zieren dasselbe.

Nun wären noch die freundlichen Garten = An= lagen zu besehen. Links am Eingange, unter schat= tigem Gebüsche ist ein eherner Schwan sinnig zum muntern Wasserspiele verwendet; weiter in den Gar= tengängen hinschreitend, gelangt man zum Löwenbrun= nen, dessen mächtiger Steinschale eine herrliche Fon= taine entsteigt.

Wir sind wieder in den Schloßhof zurückgekehrt und werfen, ehe wir scheiden, die Eindrücke alle sam= melnd, noch einen Blick über das Ganze. Die Kunst, im innigsten Anschlusse an die großartige Natur, hat hier eine Schöpfung hervorgezaubert, wie sie sich in solcher Harmonie kaum irgendwo wiederfindet. Ein poetischer Hauch umweht das Ganze; — und tritt man, das Herz noch freudig erregt von all' den herrlichen Kunstgebilden, hinaus auf die Zinnen der Burg, und läßt die Blicke über die reizvolle Umgebung hinschwei= fen, so wird man wohl gestehen müssen, daß sich selten die majestätischen Formen der Hochgebirge mit den freundlichen Reizen der Ebene in solcher Nähe, in solcher Fülle und Mannigfaltigkeit vereinigt finden, wie dieses hier der Fall ist. —

Durch eine kleine Pforte betritt man einen Fuß= pfad, der durch anmuthige Partien den Schloßberg hinabführt; man kommt auf demselben an dem erst

fürzlich durch bedeutende Neubauten erweiterten Cava=
lierbau und dem Gewächshaus, welches zugleich die
Gärtnerwohnung enthält, vorüber. Bereits ist auch die
Untermauerung eines sogenannten Donjon's (Schloß=
thurmes), der mit Zinnen gekrönt, auf seiner alle Ge=
bäude überragenden Spitze einen kolossalen, ehernen
Schwan tragen soll, in Angriff genommen.

In der ganzen Umgebung des Schlosses ziehen sich
durch Wald= und Bergeshöhen wohlgebahnte Pfade,
von welchen wir den Schwansteig, den rings um
den Alpsee führenden Weg, den Pfad auf den Schwar=
zenberg, wo einst Schloß Schwangau zum Frauen=
steine stand, und jenen an den Nordabhängen desſel=
ben zur Füssener Straße hinführenden erwähnen wollen.

Ein freundlicher Ausflug kann nach der Höhe des
Jugendberges und zu den Schloßruinen von
Vorder= und Hinterschwangau gemacht werden;
auf beiden Punkten ist die Aussicht gegen das könig=
liche Schloß, die Seen und die weite Ebene äußerst
lieblich.

Von den Schloßruinen steigt man gewöhnlich zum
Böllatwafferfalle hinab, der von hoher Felſen=
wand schäumend in die Tiefe stürzt; daneben ſchwebt
in schwindelnder Höhe die Marienbrücke. Der Rück=
weg wird am besten durch eine enge Felsschlucht hinab,
über die Gypsmühle genommen.

Größere, sehr lohnende Ausflüge sind über den
Schützensteig durch das Hirschfängthal nach dem
Planfee, mit weiterer Ausdehnung durch das Gras=

wangthal nach Ober = Ammergau und dem ehe=
maligen Kloster Ettal; — oder der Loisach entlang
nach Garmisch und Partenkirch; — vom Plansee
kann man auch über den Heiterwangersee und die
Ehrenbergerklause, oder an den Wasserfällen des
Stuiben vorüber nach Reute gelangen.

Von Bergpartien steht natürlich die auf den Säu=
ling (6217 F.) oben an. Die Aussicht ist sehr loh=
nend, die Besteigung zwar mühevoll, aber ohne Ge=
fährde.

Auch der Tegelberg, auf dessen Kämmen Se.
Maj. der König ein Jagdhaus errichten ließ, wird
öfters bestiegen. Er erhebt sich bis zu 5533 F. Mee=
reshöhe; die Spitze erreicht man über die Alpe Ilgen=
mösle, in deren Nähe eine weit im Felsen fortführende
Grotte, das Grüble, bemerkenswerth ist.

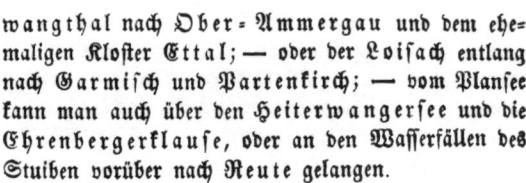

Nehmen wir wieder den Wanderstab zur Hand. —
Unser nächstes Reisezeil ist Reute. Durch die Laub=
hallen der Fürstenstraße (welche jedoch nur Fuß=
gängern zur Benützung gestattet ist) erreichen wir in
einer Stunde die österreichische Grenze bei dem soge=
nannten Schwangauergitter. Die schöne Straße
senkt sich in vielen Krümmungen nach dem Dörfchen
Binswang hinab, (das wie das Schänzle im kleinen
Walserthale, eine, frohsinnigen Wanderern gar wohl=
bekannte Herberge hat), sich hier mit der über den Knie=
paß nach Reute führenden Straße vereinigend.

Hier mag auch die von Füssen nach Reute
ziehende Straße Erwähnung finden, welche unfern

Binswang den Lech überschreitend, sich in zwei Zweige
spaltet, von denen der eine (rechts) nach dem kleinen
Städtchen Vils, der andere (links) über Musau
nach dem Marktflecken Reute führt.

Wir wenden uns jedoch gleich bei dem Schwangauergitter links, und gelangen auf leicht kenntlichem
Fußpfade zu der in der Ebene hinziehenden Straße,
auf welcher wir auch bald den Kniepaß erreichen. Auf
nahen Hügeln gewahrt man die Mauerreste der ehemaligen Sternschanze, während auf der Straßenhöhe
ein Häuschen die Stelle andeutet, wo sich einst die
Befestigungen von dem Berge herab über die Straße
wölbten und den Paß sperrten. In der Tiefe braust
der Lech an jähen Felsen hin.

Sehr rühmenswerth ist die Aussicht, welche die
Anhöhen zunächst der Straße bieten. Von allen Seiten ragen die Berge hoch und schön; bald schimmern
frische Alpenmatten von den Höhen, bald decken dunkle
Fichtenwälder die Berge bis zu den Scheiteln; und
damit dem Bilde der Ernst nicht fehle, schauen graue,
zerklüftete Felsenspitzen, steil abfallend, über die niederern
Berge herein. Stille Gehöfte auf den Hügeln, trauliche Dörfer in den grünen Auen bilden den freundlichsten Thalschmuck, und durch das liebliche Gelände zieht der junge Lech daher, rauschend und seine
Kraft in vielen Krümmungen brechend.

Unten an der Steige liegt das Oertchen Pflach,
von wo aus auch ein Pfad auf den Säuling führt.
Weiterhin bemerken wir zur Linken der Straße die
Hüttenkapelle, 1515 von den Brüdern Hochstetter
aus Augsburg für den reichen Bergsegen im Säuling

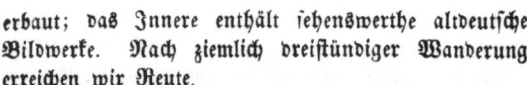

erbaut; das Innere enthält sehenswerthe altdeutsche
Bildwerke. Nach ziemlich dreistündiger Wanderung
erreichen wir Reute.

Reute ist ein sehr ansehnlicher Marktflecken, und
obwohl von der Seite, von der wir nahen, am Eingange
sich meistens schindelgedeckte Häuser zeigen, so erweitert
sich doch bald die Straße, und sehr stattliche, theilweise
in dem Geschmacke des vorigen Jahrhunderts decorirte
Gebäude umgeben den mit einer Linde gezierten Markt=
platz. Auch weiterhin hat die Straße durch die vielen
Neubauten, welche nach dem letzten Brande entstanden,
ein recht freundliches Ansehen.

Reute ist der Sitz des Gerichtes Ehrenberg,
von dem nahen Ehrenberger Schlosse, wo sich früher
das Pflegamt befand, so genannt; es zählt etwa 1200 E.,
hat eine Schranne, eine bedeutende Spinnfabrik, und
die Bewohner erhalten durch Handel, Gewerbe, Güter=
spedition und Landwirthschaft ziemlichen Wohlstand.
Reute ist der Geburtsort des Mathematikers und Astro=
nomen Anton Schyrle (gest. 1605), sowie der Maler
Paul, Jakob und Franz Zeiler und des mannheimischen
Hofmalers Anton Leidenstorfer (gest. 1795).

In den Sommermonaten verweilen viele Fremde
hier, und wo wäre auch angenehmer Rast zu halten,
als zu Reute im heitern Thale, wo vortreffliche Her=
bergen jeglichen Leibestrost, und eine großartige Um=
gebung die mannigfachste Augenfreude gewähren?

Auf der Post zu Reute findet man, wie männig=
lich bekannt, die vortrefflichsten Weine *) und eine

---

*) Als die besten Sorten werden der Terlaner, Wolken=
steiner und Isera gerühmt.

erlesene Küche, aber auch im Gasthause zur Krone (Schuler), wo einst, wie das Gemälde am Hause dar= thut, Kaiser Joseph II. Herberge nahm, findet man sehr gute Aufnahme, freundliche und billige Bewirthung.

Die Umgebungen von Reute, mit den heitern Thal= flächen, den herrlichen Hochgebirgen, den ragenden Bur= gen, den Seen, Wasserfällen ꝛc. bietet eine sehr große Zahl schöner und bedeutsamer Partien. Das nahe Hohen= schwangan, das Städtchen Füssen, das schöne Pfront= nerthal, das reizende Thannheimerthal, das Lechthal, die Burgruinen von Vilseck, Ehrenberg, Falkenstein lassen sich zu bald kürzern, bald ausgedehntern Aus= flügen zusammenfügen. Und wer seine Freude daran findet, über rauhe Felsenpfade zu den Hochwarten der Berge hinanzuklettern, dem können Bergpartien auf den Tanneler *), Säuling *), Tauren, Geh= renspitze *), Schlückenkopf (Füssener Alpe) *), Rothe Flüh, Aggenstein *) ꝛc. empfohlen werden.

Einen Gang nach dem Plansee und den schönen Stuibenfällen sollte aber der selbst nur flüchtig vorüber Wandernde nicht versäumen. Ein angenehmer Pfad führt dahin. In einer Viertelstunde erreicht man den sehr alten Ort Breitenwang, wohin auch Reute eingepfarrt ist. Hier starb 1137 auf der Rückkehr aus Italien Kaiser Lothar (die Begebenheit sahen wir von Lindenschmit's Hand im Schlosse Hohenschwangau dar= gestellt.) In der Nähe des Dorfes ist das Bad Kre= kelmoos mit zwei Mineralquellen. Die Höhen des

---

*) Wurden von Ihrer Majestät der Königin Marie von Bayern erstiegen.

Roßrückens, über welche man hinwandelt, bieten die
freundlichste Rundsicht. Dort drüben die steil sich
gipfelnde Gacht und die Gehrenspitze, oder, wie man
hier sagt, Hoale, mit der langen Reihe der Pfrontner
Berge; im Süden der Tanneler, sein Felsenhaupt mehr
denn 7000 F. erhebend; in der Ferne die mächtigen
Bergköpfe des Lechthales, gerade vor uns die schöne
Felsenpyramide des Säuling: sie alle bilden den herr=
lichsten Kranz um's freundliche Thal.

Zwischen Tauern und Zwiselberg, wo die Ache
hervorstürzt, führt der Weg zu den Fällen. Von Ferne
tönt dumpfes Rauschen, erst leise, dann vernehmlicher,
und nach einstündiger Wanderung erreicht man die
wilde Schlucht, durch welche der Achbach, dem Plan=
see entströmend, in vier Absätzen mit donnerndem Ge=
töse in die Tiefe stürzt. Die zwei obern Fälle sind
die kleinsten, der mittlere hat 60, der untere 90 Fuß
Fallhöhe. Der Wasserfall des Stuiben, —
am schönsten bei sinkender Sonne, wenn der aufwir=
belnde Wasserstaub in dem brillantesten Farbenspiele
erglänzt, — darf wohl den gerühmtesten Fällen in den
Tyroler und Schweizer Alpen 'an die Seite gestellt
werden. Die Wanderung fortsetzend, gelangt man bald
zu einem Arme des Plansee's; dieser, höchst male=
risch von hohen Bergen eingeschlossen, liegt 3218 F.
über dem Meere; er ist 1½ Stunden lang und ½ Stunde
breit, und seine Tiefen bergen die köstlichsten Karpfen
und Sälblinge; südwestlich ist derselbe mit dem Hei=
terwangersee verbunden.

Höchst genußvoll ist es, von dem österreichischen
Grenzposten „Plansee", wo sich ein Kahn befindet, die

ganze Fläche der beiden Seen zu befahren. Die See=
wand, von dem Brentenjoch niederziehend, die Abhänge
des Tauern und Zwiselberges geben vielfaches Echo
zurück. Die Alpenpfade, welche von den östlichen Ufern
nach Hohenschwangau, Partenkirchen, Ammergau und
Ettal führen, wurden bereits früher schon erwähnt.

In diesen Revieren soll Kaiser Ludwig der Bayer
öfters gejagt haben. Noch heißt eine Quelle der Kai=
serbrunnen, wo Se. Maj. der König Maximilian II.
ein Denkmal errichten ließ, welches die Aufschrift trägt:

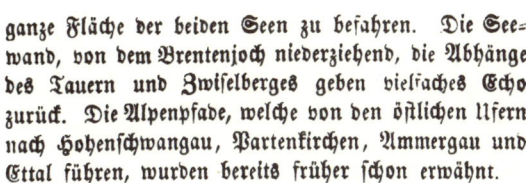

Kaiserbrunnen.

Dem Andenken Kaiser Ludwigs des Bayern, des Wittels=
bachers, der öfters hier weilte,

geweiht von

Maximilian II., König von Bayern.

Von den Ufern des Heiterwangersee's gelangt man
in einer Viertelstunde nach dem Orte Heiterwang,
und erreicht dort die von Reute über den Fernpaß
nach Innsbruck führende Straße. Dieselbe in nörd=
licher Richtung verfolgend, kommt man in einer Stunde
zu der Ehrenbergerklause. Dieser, einst die Tyro=
lerstraße deckende Paß, durch die auf nahen Felsenhöhen
ragende Veste Ehrenberg geschützt, liegt jetzt fast
ganz in Schutt und Trümmern. Ein einziges, halb=
verkommenes Gebäude, durch dessen Thorbogen die
Straße zieht, morsche Mauern und Giebel erinnern an
den einst mit starken Vertheidigungswerken bewehrten
Paß. Der Sage nach zuerst von dem Ostgothenkönig
Theodorich angelegt, kam Veste und Paß 1363 mit
Tyrol an Oesterreich. Im Jahre 1546 bestürmte sie

Schärtlin von Burtenbach mit seinen Schaaren; 1552 drang Moriz von Sachsen mit 20,000 Mann Fußvolk und 2000 Reitern durch dieselbe, und würde Kaiser Karl V. in Innsbruck überrascht haben, wenn er nicht durch die Meuterei eines Regimentes zu Reute einen Tag aufgehalten worden wäre, wodurch der Kaiser Zeit gewann, auf gefahrvollen Alpenwegen zu entrinnen. Im dreißigjährigen Kriege leistete die Veste gegen Bernhard von Weimar tapfern Widerstand. Im Jahre 1703 wurde sie von Max Emanuel erobert. Ehrenberg war der Sitz eines Pfleggerichtes, nach welchem, wie bereits angedeutet, der Reutner Gerichtsbezirk benannt wurde. Die Schloßruinen, eine sehr schöne Aussicht bietend, sind jetzt Eigenthum eines Bürgers von Reute; in der Klause befindet sich ein Wirthshaus. In einer Viertelstunde gelangt man nach Reute zurück.

Das Lechthal.

Das Lechthal beginnt bei dem Orte Weißen=
bach, zwei starke Stunden oberhalb Reute und zieht
sich längs des Leches bis zu dem kleinen hochgelegenen
Oertchen Lechleiten, fast vierzehn Stunden von
Reute entfernt.

An den Weilern Amlech, Wengle, Aschau, Hosen
vorüber führt die Straße immer am Ufer des Leches
hin, dessen klare durchsichtige Fluten zwischen ausge=
dehnten Kiesbänken daherrauschen. Die schönen Aschauer
Höhen zur Rechten, das weite Flußbett zur Seite, am
jenseitigen Ufer auf freundlichen Auen kleine Oertchen,
über welchen der Tanneler, der ungethüme Bergriese,
aufsteigt, — rückwärts in kleiner Gruppe zusammen=
gedrängt die Häuser von Reute und Breitenwang, über
welchen sich die schöne Pyramide des Säuling gipfelt,
darüber der tiefblaue Himmel, alle die Felsengipfel
im heitern Sonnenlichte so hell leuchtend, — ein
überaus liebliches Bild, von dem man sich schwer trennt.

Die Straße zieht bald an malerischen Gehöften
vorüber, bald biegt sie um vorspringende Felsenecken,

8

an benen unten ber Lech sich schäumend bricht, ober
sie zieht an langen öben Felsenwänden hin; gerade
vor uns öffnet sich, — mächtige Gebirgsstöcke zu ben
Seiten zeigend, — bas Lechthal, in bas man so
erwartungsvoll hineinblickt.

In Weißenbach, einem kleinen Dörfchen, theilt
sich bie Straße; rechts, am wilden Weißen= ober Kien=
büchelbache hin, führt sie über bie schöne Gachtschlucht
in's hochgelegene Thannheimerthal (S. 129).

Gleich oberhalb Weißenbach führt eine Brücke über
ben Lech und nach einstündiger Wanderung erreicht
man Farchach, bem (je eine Stunde von einander
entfernt) zwei andere kleine Dörfchen, Stanzach und
Elmen, folgen. Gleich hinter Weißenbach nimmt
ber Reiz ber Gegend merklich ab und bie Landschaft
bleibt bis Elmen ziemlich einförmig. Fast bie ganze
Thalsohle hat sich ber Lech angeeignet, ber in schma=
len Armen zwischen wüstem Steingeröll hindurchfließt.
Oede, mit Krüppelholz bewachsene Strecken wechseln
mit Hochwald, ober mit schmalen von dürftigem Grün
bekleideten Rainen; zu ben Seiten erheben sich hohe
Berge, unten bewaldet, oben kahl und felsig.

Auf bem schmalen Streif Boden, ber zwischen bem
Ufer und bem Fuß ber Berge übrig geblieben, stehen
bie einsamen kleinen Dörfchen, bie wir eben genannt.
Bei Farchach zeigt sich rechts in ben Höhen bie La=
chenspitze (in ben Karten Luchsspitze, Luchesspitze),
über welche ein mühsamer Bergsteig vom Thannheimer=
thal herüber führt.

Bei Stanzach schaut man in bie Felsenschlucht
bes Namleser=Thales hinein, in welches bie Stanz=

acker im Hochsommer übersiedeln, da sich dort schöne Alpen finden. Im nämlichen Thale erhebt sich auch die (vordere) Wetterspitze.

Oberhalb Stanzach jenseits des Lech liegt das Oertchen Vorderhornbach; hier treten die Berge etwas auseinander und hohe kahle Felsengipfel schauen durch die Lücke herein. Dort zieht ein kleines Seitenthal gegen die Wildspitzen und den Hochvogel hinauf. Ein Oertchen — Hinterhornbach — liegt in diesem wilden, abgelegenen von dem ungestümen Jochbache, (über welchen der Guflersteg in einer Höhe von 100 F. führt), durchströmten Thale.

Von Hinterhornbach kann der Hochvogel, die erhabene Grenzmarke zwischen Tyrol und Bayern, erstiegen werden*). Ueber die Petersberger Alpe führt ein Bergpfad in's Algäu.

Zwischen Hornbach und Elmen ist die Martinsau, (im Dialecte des Thales klingt das a wie o); hier sollen, am sogenannten Hohenrain, zu der Zeit als Schärtlin von Burtenbach mit seinen Landsknechten vor Ehrenberg lag, die Weiber und Mädchen von Elmen einer Truppe raubsüchtiger Soldaten so lange tapfern Widerstand geleistet haben, bis die Männer aus den nahen Alpen eintrafen, und die zügellosen Eindringlinge theilweise niedermachten, theilweise in die Flucht jagten, woher der Name Mordenau entstanden sein soll; die Begebenheit wird jedoch vielfach bezweifelt. Wenn man aber erwägt, was ein einziges

---

*) Verlässige Führer findet man in Vorder= und Hinterhornbach.

furioſes Weib ausrichtet, wird man auch zugeben, daß
die weibliche Bewohnerſchaft eines ganzen Dorfes wohl
einige feige Marodeurs in die Flucht ſchlagen könne.
— Warum man aber die friedliche Martinsau in eine
ſchauerliche Mordenau verdreht, iſt nicht recht abzuſehen.

Erſt oberhalb Elmen geſtaltet ſich das Lechthal
freundlicher; die Berge treten mehr auseinander, zeigen
mannigfaltigere Formen, die Thalebene erweitert ſich,
der Lech hält ſeine Waſſer mehr zuſammen, iſt noch
nicht der leichtfertige zerſtörungsluſtige Geſell, wie weiter unten bei Stanzach und Weißenbach.

Von Elmen gelangt man zum ſogenannten Rau-
terhofe im Guntſchau, angeblich dem älteſten
Hauſe im Lechthale.

Zwiſchen Elmen und Guntſchau mündet das Pfaff-
larerthal, mit den Anſiedlungen B'ſchlaps, Boden und Pfafflar; ein Bergpfad führt durch dasſelbe nach Imſt im Innthale. Im Grunde dieſes Sei-
tenthales erhebt ſich der 10,134 F. hohe Muttekopf.

Durch die kleinen Weiler Habernach und Un-
terhofen gelangt man nun zu einem größern Orte,
Heſelgehr; eine hübſche Kirche, anſehnliche Häuſer,
unter denen ein ſehr gutes Gaſt- und Bräuhaus, verrathen größern Wohlſtand. In Heſelgehr iſt die Glockengießerei von Uelſeß und Lechleitner bemerkenswerth.

Ueber Unterſchönen, Kögeln (jenſeits des Leches Griesau) erreichen wir den großen, in heitern
Auen liegenden Ort Elbigenalp, welcher etwas über
700 Einwohner zählt.

Elbigenalp wird für den älteſten Ort im

Lechthale gehalten; es gehörte früher zum St. Magnus = Kloster in Füssen. Von den beiden Kirchen, die
etwas entfernt von den Häusern in der Flur stehen,
ist die Martinskirche (alte Pfarrkirche) von hohem
Alter (1390) und mußte schon in der ersten Hälfte
des 15. Jahrhunderts wegen Baufälligkeit ausgebessert
werden. In der jetzigen Pfarrkirche, welche 1664 gebaut und von den Brüdern Zeiler al fresco ausge-
malt wurde, ist ein alter Taufstein vom Jahre 1411,
wahrscheinlich von der Martinskirche hiehergebracht,
mit einer schwer zu enträthselnden Inschrift bemerkenswerth. Ferner nehmen zwei Denksteine, von Ant. Falger, dem in Rom verstorbenen, berühmten Maler Koch
und dem als Bürgermeister in Wien verlebten J. A.
Lumpert gewidmet, unsere Aufmerksamkeit in Anspruch.

Jos. Koch, der Sohn armer Leute, ist 1768 zu
Obergiebeln geboren, und verrieth schon als Knabe
entschiedenes Talent zum Zeichnen. Mit 14 Jahren
brachte ihn seine Mutter, eine Rheinländerin, erst nach
Dillingen und dann nach Augsburg, wo er in dem
damaligen Weihbischof v. Umgelder einen Gönner
fand. Nach manchen Wechselfällen gelangte er 1795
nach Rom, wo er 1839 starb.

J. A. Lumpert wurde zu Kögeln im Jahre 1757
geboren, schwang sich bis zum wirklichen Bürgermeister der Haupt- und Residenzstadt Wien auf und starb
daselbst hochgeehrt im Jahre 1837.

Anton Falger aber, der das Andenken die-
ser zwei ausgezeichneten Lechthaler durch die Errich-
tung dieser Denkmale ehrt, lebt zu Elbigenalp, wo
er ein sehr hübsches Haus bewohnt; er war früher

bei der bayer. Steuerkataster=Commiſſion als Graveur
thätig. Der wißbegierige Wanderer wird bei Hrn.
Falger nicht nur manches Intereſſante an Münzen,
Waffen, Gemälden, Naturalien ꝛc. ſehen, er wird über=
dieß Aufſchluß über alles Beachtenswerthe des Thales,
und bei beabſichtigten Bergbeſteigungen die freundlichſte
Unterſtützung finden.

Von dem Calvarienberg bei Elbigenalp hat
man eine ſchöne Ausſicht nach den Sonnenkogeln,
dem hintern (8829 F. hohen) Wetterſpitz, dem
Fallenbacher Ferner und Fallenbacher Fen=
ſter, einer fenſterartigen Oeffnung in einer über den
Ferner emporragenden Felſenſpitze.

Seitwärts führt eine Schlucht in das an Natur=
ſchönheiten reiche Bernhardsthal, durch welches
man auch nach dem Mädelepaß und in's Spielmanns=
auerthal gelangen kann. Mächtige oft ſonderbar ge=
ſtaltete Felſenblöcke (Kapuzinerthurm), Waſſerfälle,
ſchauerliche Abgründe ſind auf dieſem Wege zu ſehen.
Vorne rechts am Eingange der Schlucht ſind die Fel=
ſenſchichtungen zu beachten, welche die ſonderbarſten
Formen und Linien zeigen.

Von Elbigenalp gelangen wir über die Orte Lend*)
und Stockach nach dem ſchönen Dorfe Holzgau.
Eine Menge kleiner Orte ziehen ſich bald dießſeits,
bald jenſeits des Fluſſes am Fuß der Berge hin; den

---

*) Von Lend führt ein Bergpfad, dem Lendbache ent=
lang, über Gretlesalp nach Landeck im Innthale. Bei
Stockach; im Seeſumpf ſtand der alte Gerichtsſtuhl für das
Lechthal.

Thalgrund nehmen die Wiesen ein, zwischen welchen sich hie und da kleine Streifen Getreidefelder hinziehen.

Der Ort Holzgau hat wie Elbigenalp sehr statt= liche Häuser. Diese Orte sind es nun vornehmlich, wo die reichen Lechthaler ihre Wohnsitze haben.

Durch die Kargheit des heimathlichen Bodens, wel= cher lange nicht in so schönem Alpenschmucke wie im Algäu prangt, daher auch den Lebensunterhalt durch Viehzucht und Käsebereitung nicht gewinnen läßt, wur= den die Lechthaler bei zunehmender Bevölkerung ge= zwungen, auswärts Arbeit und Verdienst zu suchen. Seit dem 16. Jahrhundert, bis zu welcher Zeit die Nachrichten reichen, wandern alljährlich eine große Zahl Männer und Bursche aus dem Thale, um als Steinmetzen, Maurer ꝛc. auswärts Erwerb zu suchen und kehren gewöhnlich im Herbste mit ihren Erspar= nissen in die Heimath zurück.

Andere haben sich schon frühe mit großem Glück und seltenem Erfolg auf die Handelschaft verlegt und durch Fleiß und Sparsamkeit bedeutende Reichthümer erworben. Sie errichteten am Rhein, in den Nieder= landen, in Nordamerika ihre Niederlagen, von wo sie als reiche Handelsherren in's stille Heimaththal zurück= kehrten, um dort den Rest ihrer Tage in Ruhe zu verleben. Darum sieht man hier auch so ansehnliche, zierlich bemalte Gebäude; doch tragen sie fast alle das Gepräge des vorigen Jahrhunderts, wo auch wirklich der lechthalische Reichthum am meisten blühte; jedoch gibt es auch jetzt noch einzelne sehr reiche Familien, wie die Waldauner, Falger, Schuler, Lechleitner ꝛc.

Wie Elbigenalp hat auch Holzgau zwei Kirchen;

in der älteren, nicht mehr benützten Sebastianskirche
sind einige altdeutsche Wandgemälde zu sehen.

Ein jäher, grüner Bergkegel steigt gleich hinter
dem Dorfe zu beträchtlicher Höhe an, und seitwärts
aus felsiger Schlucht schauen ein Paar graue verwit=
terte Felsenhörner heraus; es sind die Kratzerköpfe,
die wir schon vom Algäu her kennen. Hier führt der
Saumweg über den gesprengten Weg und den Mä=
delepaß nach Oberstdorf.

Auch auf die Mädelergabel (S. 91), Madli, wie
die Lechthaler sagen, kann man von hier aus ge=
langen.

Gegen Hägerau, das eine Stunde von Holzgau
entfernt ist, wird das Thal nach und nach schmäler.
Von einer hohen Felsenwand zur Linken stürzt sich
schäumend ein Gebirgsbach. Endlich erreicht man Stög,
den letzten größern Ort im Thale.

Immer näher treten die Berge heran, und lassen
nur schmale Streifen ebenen Landes für den Feldbau
übrig; dieser ist jedoch im Lechthale ziemlich beschränkt.
Das wenige Getreide, welches gebaut wird, reicht lange
nicht für den Bedarf, und auch die Viehzucht und
Käsebereitung weist nicht jenen Flor, wie im nahen
Algäu.

Die Berge des Hauptzuges, welche den Lech
zu beiden Seiten begleiten, haben nicht die milden
Formen und die glückliche geognostische Zusammen=
setzung, welche die Algäuer Alpen auszeichnet. Bei
Stög (3600 F.) sehen wir die letzten Getreidefeldchen.
Es wird in der Regel nur Sommerfrucht angesäet;
Flachs wird ziemlich viel gebaut und gedeiht gut.

Bei der geringen Ausdehnung der Thalsohle sind die guten Grasböden sehr im Werthe; die Felder sind daher in kleine Stücke zertheilt. Ein Stück Feld, 100 Schritte lang und 10 Schritte breit, heißt eine Metz Land und ist je nach Lage und Bodenbeschaffenheit 200 fl. und darüber werth. Fünf Metz Land und fünf Burden (große Büschel) Bergheu sind zur Winterung einer Kuh erforderlich.

Außer den herrischen Häusern, wie wir sie in Elbigenalp und Holzgau sahen, sind auch die ältern Gebäude, wie sie sich hie und da in den kleinen Weilern am Wege finden, durch ihre eigenthümliche Bauart beachtensweth; sie nehmen sich mit ihrem sonderbar geformten Vorbau, in welchem Thüre und Hausflur angebracht sind, mit ihren niedern, weit vorspringenden Schindeldächern, mit den kleinen Fensterchen, den hohen Scheunenbrücken recht hübsch in der Landschaft aus.

Die Tracht der Männer ist, wie das bei der Wanderlust der Lechthaler nicht anders sein kann, die gewöhnliche städtische; dagegen hat das weibliche Costüm viel Eigenthümliches.

Der weibliche Festanzug besteht in einem feinen, mit einem breiten Seidenbande gezierten Männerhute, um den Hals schlingt sich ein großes seidenes Tuch; ein reich in Gold gesticktes Mieder, über welches ein seidener Spenser so getragen wird, daß die Stickerei des Mieders sichtbar bleibt, ein seidener Rock und eine Schürze mit flatternden Bändern bilden den Anzug; die Haare hängen in langen, durch seidene Bänder verbundenen Flechten über den Rücken. In älterer Zeit waren die Hüte ohne Krempe.

In der Lorettokapelle bei Oberstdorf steht man auf einem Votivtäfelchen vom Jahre 1799 einige Lechthale=rinnen in diesem eigenthümlichen Kopfputze abgebildet.

Auch die Pelzhaube, wie sie bei den Bauernwei=bern in der Gegend von Kempten gebräuchlich ist, nur etwas unförmlicher und gröber, wird getragen. An Werktagen wissen die Mädchen ihr Haupt zierlich mit einem bunten Tuche zu umwinden. Im Allgemei=nen liebt es der lechthalische Reichthum, mit schönem Hausgeräth, festlichen Gastmählern und feinen Klei=dern zu prunken.

Die Lechthaler sind der katholischen Religion sehr zugethan. In der Kirche zu Holzgau sehen wir ein Gemälde zur Erinnerung an die im Jahre 1841 da=selbst „mit vieler Wirkung" abgehaltene Mission der Ligourianer; und 1831 hat Jungfrau Elisabetha Maldauner, die reichste der Lechthalerinnen, wegen der damals drohenden Cholera die in den Fluren nahe am Dorfe stehende Dreifaltigkeitskirche neu her=stellen lassen.

Der Dialect der Lechthaler klingt etwas breit und die Kehllaute treten stark hervor; er ist jedoch nur wenig von dem Tyrolischen verschieden.

In Stög findet man ein sehr gutes Wirtshaus, hart am Leche gelegen, der hier noch ein schmaler Bach, mit munterm Rauschen dahin fließt. Die Häuser des Ortes, mit den dazu gehörigen Weilern 700 Seelen zählend, ziehen sich längs der Krümmung desselben hin, und gleich über den Häusern erheben sich steile Felswände, hohe dunkle Berge. Von hier führt süd=lich ein Bergsteig über das Kaisersjoch nach Pet=

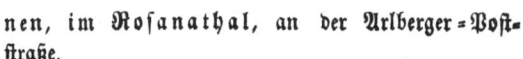
nen, im Rosanathal, an der Arlberger-Post-
straße.

Bei Stög hört die fahrbare Straße auf; ein Saumweg führt durch ein einsames Hochthal in drei Stunden auf den Thannberg.

Außerhalb Stög, stets am Leche hin, gelangt man
in ein schmales Thälchen. Noch steht man in den
Wiesgründen einzelne zerstreut liegende Wohnungen;
ein mächtiges Felsenhorn, die Ellenbogenspitze, erhebt sich zur Rechten. Einzelne Scheuern, aus Balken zusammengefügte Hütten, an denen man vorbei
kommt, bilden gleichsam den Uebergang vom bewohnten Thale in's freie Alprevier, in das eine Biegung
des Weges nun einführt. Unten zwischen großen Fel-
senblöcken rauscht der Lech; ein schwanker Steg führt
an's jenseitige Ufer, drüben zieht der Pfad über waldige Halden hinan, hohe Gebirgsstöcke, in mannigfacher
Gliederung, in kühne Spitzen und Grate auslaufend,
engen das Thal von allen Seiten ein und erhöhen
den feierlichen Ernst der Gegend.

Nach einer Stunde rüstigen Gehens gelangt man
zu einem von Tannen umgebenen freien Platze; be-
mooste Felsblöcke, ein rieselnder Born, erquickende
Kühle des Waldes laden zu einer kleinen Rast ein.

Weiter führt der Pfad, stets ansteigend, an jähen
Abhängen hin; tief unten aus dunkler, schauriger Felsenschlucht blitzt bisweilen der Lech durch das Tannen-
dickicht herauf.

Endlich kommt man aus dem Walde heraus; eine
Biegung des Weges, bei welcher ein Bergbach, von
naher Felsenwand herabgleitend, eilig über den Pfad

dahin rauscht, führt auf waldfreie Höhen, wo sich eine
prachtvolle Rundsicht in's schöne Alpgebiet öffnet. In
weiter Ferne schimmern schneeige Berggipfel; hohe
grasreiche Halden ziehen sich gegen die grauen, ge=
scharteten Felskämme hinan. Bald erreicht man nun
die Höhe des Passes; mächtige Felsblöcke heben sich
nahe am Wege aus den grünen Alpmatten und nach=
dem dieselben umgangen, gelangt man zu den kleinen
Weilern Lechleiten und Gehre, den letzten zum
Lechthale gehörigen Orten.

Jenseits eines tiefen, weiten Tobels steht man das
Dörschen Warth. In der Biegung der Bergmulde,
rings umragt von steilen Alpenhöhen, erhebt sich das
österreichische Mauthhaus; gleich daneben zieht der
Saumpfad, der vom Algäu über den Schroffen auf
den Thannberg führt, herein.

Ist endlich das tiefe Tobel durchklettert, so kann
man sich im Wirthshause zu Warth von den An=
strengungen der vierstündigen Bergwanderung erholen.

Wir haben also die Höhen des Thannberges
(Thamberg, Domberg), von dessen Eigenthümlichkeit
wir schon oben (S. 5) gesprochen, erstiegen.

Dieses Hochplateau bildet ein weites, mit schönen
Alpenweiden bedecktes Bergrevier, aus dem sich von
allen Seiten hohe, kahle, in den schönsten Formen
ragende Felsengipfel erheben. Kleine Oertchen liegen
in Zwischenräumen über dieses Alpgebiet zerstreut und
es gewährt dem Wanderer die angenehmste Ueberraschung,
nach stundenlanger einsamer Wanderung den Giebel
einer Kirche, freundliche Häusergruppen zu gewahren.

Warth also, das erste vorarlbergische Dörfchen,
4365 F. hoch liegend, hat etwa 30 Häuser und zählt
circa 130 Einw. Im Wirthshause daselbst, das etwas
zur Seite steht, findet man einfache, aber immerhin
genügende Verpflegung.

Die verschiedensten Partien können von hier aus
unternommen werden. Den Schroffenpaß nach
dem Algäu, den Weg über den Widderstein durch's
Genscheltthal nach Mittelberg (S. 101) kennen wir
schon; wir haben also noch jenen über „Am Lech“
durch die Gebirge nach Schrecken und den von Warth
nach Stuben am Arlberge führenden, zu erwähnen.
Folgt man dem Laufe des Lech über Zug bis zu seinem Ursprunge an der Rothenwand, die sich bis
zu 9000 F. erhebt, so kann man über die Berge am
Formarnier See vorüber, nach Dalaas und
Bludenz hinaus gelangen.

Einen andern Weg nach Schrecken als den oben
angeführten, wollen wir jetzt antreten. Doch schauen
wir zuvor noch nach den schönen Bergen, die sich in
der Nähe von Warth zeigen.

Dort gerade über den Häuschen von Lechleiten
erhebt sich ein graues Felsenhaupt, hoch, schroff und
verwittert, — es ist die 8014 F. hohe Schnelllicht-
spitze, die wir draußen auf den Vorhöhen bei Kempten so oft sahen, die, eine der höchsten, die meisten
Bergkuppen im Stocke der Algäueralpen überragt;
wir lernten sie dort unter dem Namen Biberkopf
(in den Karten auch Hundskopf) kennen. Südöstlich
erhebt sich die schöne Mittagspitze und ihr gegenüber das Warther- und Aarhorn; von Westen

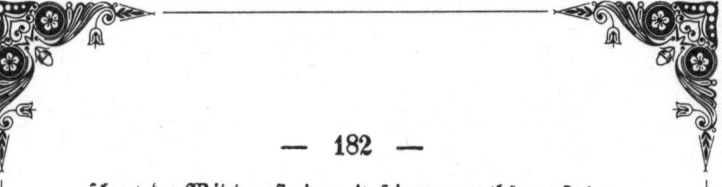
schaut der Widderstein mit seinen ungethümen Fels=
graten herein.

Von Warth bis Krumbach wandern wir, immer
noch ansteigend, eine Stunde. Hoch über der Schlucht
zieht der Pfad hin; üppig wuchern die Alpenrosen
an den jähen Abhängen. Fast in gleicher Höhe mit
unserm Wege sehen wir an den jenseitigen Halden des
Tobels einen hellen Streifen — einen Fußsteig —
hinziehen, der von Lechleiten nach Krumbach, ohne
Warth zu berühren, führt.

Krumbach, das kleine ärmliche Dörfchen 5200 F.
über dem Meere, liegt in der Biegung eines Hochtha=
les, zu dessen Seiten hohe Bergkämme hinziehen, aus
denen sich wieder mächtige Felskegel erheben. Von
den schroffen Gewänden ziehen frische Alpenmatten nie=
der und breiten sich in der Rinne des Thales aus,
und hier stehen die Häuschen von Krumbach. Auf
einem Hügel erhebt sich das Kirchlein, durch seine
Lage vor Lawinengefahr geschützt. Im üppigsten Gras=
wuchse prangen die Felder; doch erscheint die Umge=
bung etwas öde, da kein Baum die weiten Flächen
unterbricht; es ist bereits zu hoch für das Gedeihen
desselben — bei der Lage des Ortes ein empfindlicher
Mangel; — der Feuerungsbedarf muß mehrere Stun=
den weit herbeigeholt werden; darum, und um es von
dem gleichnamigen Orte im vordern Bregenzerwalde
zu unterscheiden, heißt der Ort Krumbach ob Holz.

Seitwärts von dem Hügel, auf dem das kleine
Kirchlein steht, liegt ein einzelnes Haus; weil nun
des öftern geschrieben worden, wie zu Krumbach
kein Wirthshaus zu erfragen wäre, so müssen wir

mit Gebühr hervorheben, daß bemeldetes Haus wirk=
lich eine solche Anstalt sei, wo sich nicht nur gu=
ter Velteliner, sondern auch zu weiterer Kurzweil eine
feine Kegelbahn, ja sogar ein geräumiger Tanzplatz
findet. Denn Krumbach hat auch seine fröhliche Zeit;
und im Herbste, wenn das Vieh von den Alpen kommt,
wenn sich die Eigenthümer und fremde Händler ein=
finden, oder im Hochsommer an der Kirchweih, herrscht,
wie auf Märkten größerer Orte, das fröhlichste Leben.

Von Krumbach ist der Widderstein am besten
zu besteigen. Die Ersteigung ist sehr mühsam und
erfordert einen festen Fuß und schwindelfreien Kopf:
die Aussicht von der Spitze ist überaus lohnend, sie
reicht von den Alpen Tyrols bis zu den Höhen des
Schwarzwaldes und von den Ebenen bei München bis
zu den Schweizergebirgen.

Von Krumbach führt der Weg noch eine Strecke in
gleicher Höhe fort; ein kleiner See glänzt in den
hellen Alpweiden und in der Ferne zeigen sich schneeige
Berghäupter. Nun aber wendet sich mit einem Mal
der Pfad und man steht an einem klaffenden Abgrunde,
in dessen Tiefen das Dörfchen Schrecken liegt. Hohe
Bergspitzen, so jählings aufgethürmt, so wild zerklüf=
tet, umragen die enge Kluft, daß sie mit vollem Rechte
den bezeichnenden Namen „Schrecken" trägt. Wie
schauerlich mag's erst im Winter sein, wenn von den
steilen Berghängen die Lawinen mit furchtbarer Ge=
walt niederdonnern, wenn oft wochenlang jeder Ver=
kehr mit der Nachbarschaft gehemmt ist, wenn tief=
gehende Nebel das kleine Stückchen Himmel, das sich
über der Kluft ausspannt, oft auf lange Zeit verhüllen!

Der Pfad senkt sich in vielen Windungen in die Tiefe und wenn man auch schon lange abwärts gestiegen, so blinkt das Kirchlein des Schrecken doch immer noch tief unten aus dem Tannendunkel herauf.

Sind endlich die ersten Häuser (Nesseleck), die an den abschüssigen Halden lehnen, erreicht, so hat man nur noch eine kurze Strecke zum Oertchen hinunter zu steigen.

Schauen wir aber nochmals zu den Schwindelhöhen der uns umstarrenden Felswände. Südlich sehen wir die schneebedeckte Mohnenflüh, neben dieser die Juppenspitze, die Höhe mit den beiden Spitzeln emporragen; daneben erheben der Hochberg, das Rothhorn und die Künzlespitze ihre mächtigen Felsenscheitel, das kleine Thal eng umgürtend.

Der Ort Schrecken besteht nur aus der Kirche, dem Pfarr=, Schul= und Wirthshaus, die andern zum Orte gehörigen Häuser (Nesseleck) lehnen bald einzeln, bald zu zwei und drei an den steilen Abhängen, welche sich von der Hoferspitze herabziehen. Auf einem schmalen Hügel, zu dessen Seite wilde Bergbäche tiefe Furchen gegraben, stehen also neben der Kirche, das Haus des Herrn Pfarrers, das einsame Schulhaus und das Wirthshaus, das sich schon von ferne durch den hohen Maibaum, der sich weit über den Giebel erhebt, als solches ankündigt; es ist gut eingerichtet, und den Velteliner, den man dort trinkt, haben schon Viele gerühmt.

Die Gemeinde Schrecken, früher mit dem Thannberge zum Landgerichte Bludenz gehörig, zählt bei 200 Einwohner, — Walser — und Schrecken bildet also das Mittelglied zwischen dem kleinen Walserthal, das sich nach dem Algäu hinauszieht, und dem großen westlich vom Schrecken, das sich nach dem Rheinthale öffnet. Um nun die Wohnsitze der Walser im Zusammenhange zu besuchen, müßte man von Oberstdorf durch's kleine Walserthal bis zum Widderstein vordringen, um an seinen Abhängen hin durch das Genscheltobel auf den Thannberg zu gelangen, von dort durch die Schluchten des Schrecken über hohe Joche (Schadona-Alp) nach Buchboden hinübersteigen, von wo man die größern Orte des innern Walserthales, Fontanella, Sonntag u. a. erreicht; von Sonntag wäre seitwärts noch Damils, das kleine Walserdörfchen zu besuchen, das hoch oben am Fuße der Mittagsspitze liegt.

In den Schluchten des Schrecken sammelt die Bregenzer-Ache ihre Quellen, und wir werden sie in ihrem Laufe durch den Bregenzerwald als stete Begleiterin zur Seite haben.

Von Schrecken noch immer sich senkend führt der Pfad durch die waldige Schlucht bald über rauschende Bäche, bald hoch am Uferrand der Ache hin nach Hopfereben, dem ersten Orte oder vielmehr Hause im Bregenzerwald.

Bregenzerwald.

„Dieser Landschaft Thalgelände", sagt ein alter Schriftsteller, „zeucht sich von dem Bodensee hinter der Stadt Bregenz hinauf gegen Mittag und ein wenig gegen Aufgang, auf drei großer Meilen Wegs in das räthigowisch Gebürg, gegen den Arlberg und Kloster- thal, und wird das Bregenzerthal oder der Bre- genzerwald genannt."

Der Bregenzerwald wird, wie schon früher erwähnt, in den innern — vom Hopferebnerbade bis zum Dorfe Egg — und in den äußern Wald, welcher die Ge- gend von Lingenau, Hüttisau und Sibratsg'fäll um- faßt, eingetheilt.

Der Bregenzerwald wurde viel später urbar, als die benachbarten Thäler. Die Verheerungen der Hun- nen, nach andern eine Fehde, welche im eilften Jahr- hundert der Abt Ulrich von St. Gallen mit dem Gra- fen Marquard von Bregenz hatte, sollen die Veran- lassung zu den ersten Ansiedelungen im Bregenzerwalde gegeben haben. Schon 1150 hatte das Kloster Meh- rerau bei Bregenz Besitzungen in der Gegend von

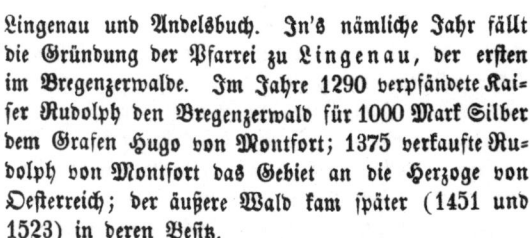

Lingenau und Andelsbuch. In's nämliche Jahr fällt
die Gründung der Pfarrei zu Lingenau, der ersten
im Bregenzerwalde. Im Jahre 1290 verpfändete Kai=
ser Rudolph den Bregenzerwald für 1000 Mark Silber
dem Grafen Hugo von Montfort; 1375 verkaufte Ru=
dolph von Montfort das Gebiet an die Herzoge von
Oesterreich; der äußere Wald kam später (1451 und
1523) in deren Besitz.

Die Landschaft genoß großer Freiheiten. Der Lan=
desherr hatte kaum mehr Rechte, als die bestimmten
Abgaben anzusprechen. „Nur eine Amtspflicht konnte
den Herrschaftsvogt veranlassen, sich in diese unwirth=
lichen Gegenden zu begeben; man überließ das Meiste
der kräftigen Natur dieses Bergvolkes, und dadurch
gestaltete sich eine Bauernregierung, wie sie kaum
irgendwo anzutreffen war." Wir werden später, wenn
wir die Höhen der Bezeck erreicht, noch einiges hierauf
Bezügliche vorbringen; jetzt wollen wir nach dieser
Abschweifung unsere Wanderung von Hopfereben wie=
der fortsetzen.

Hopfereben ist eine Badeanstalt, deren Quelle
bei Gicht und Rheuma von guter Wirkung sein soll.
Das Badehaus ist ein zweistöckiges, hölzernes Gebäude,
das einsam in der düstern Enge liegt. Bei trübem
Wetter mag's etwas schwermüthig und vielleicht auch
ein bischen langweilig hier sein; das Bad wird jedoch
nur von den Bewohnern der nähern Umgebung benützt.

Von Hopfereben kommt man bald in frische Alp=
wiesen hinaus, auf denen eine Gruppe Sennhütten
steht. Die Landschaft wird heiterer, die Berge senken
sich nicht mehr so steil in's Thal, die grünen Matten

breiten sich weiter aus und ziehen zwischen den Wald=
streifen hinauf bis zu den felsigen Graten. Noch freund=
licher gestaltet sich die Landschaft, wenn man Schop=
pernau, das schöne Dorf, eine Stunde von Hopfereben
entfernt, erreicht. Auf weiter Flur stehen die Häuser=
haufen, in malerische Gruppen vertheilt, mäßige Höhen
zeigen sich zu den Seiten und nur in der Ferne, eine
Zierde der Landschaft, heben sich die hohen Kämme der
Kanisfluh (6300 F.) und der Mittagsspitze
(6436 F.).

Schoppernau *) zählt mit den dazu gehörigen
Weilern etwas über 600 Seelen. Hier sehen wir zuerst
die nur dem Bregenzerwalde eigene, zierliche Bauart
der Häuser. Sie sind größtentheils von Holz; das
niedere Dach tritt zu beiden Seiten weit vor und ruht
auf Säulen; die dadurch gebildeten Vorplätze heißt
man den Schopf; die Säulen sind öfters geschnitzt
und roth bemalt. Unter diesen Lauben sind Tische und
Bänke angebracht, und hier steht man die freundlichen
Wäldermädchen zu drei und vier, wie sie, über das
Tambourin gebeugt, emsig die schönsten Blumen in die
feinen Mousseline sticken. Die Stickerei ist im Walde
allgemein verbreitet. Die Stoffe kommen mit den schon
eingezeichneten Blumen aus der Schweiz. Die Män=
ner, welche die Besorgung der Stücke, die Austheilung
der Arbeit und des Lohnes vermitteln, heißen die Ferger.
Die gestickten Zeuge gehen größtentheils nach der Levante.

Eigenthümlich ist die Tracht der Wälderinnen; sie

---

*) Von Schoppernau Saumweg über das Starzeljoch in
4 Stunden nach Mittelberg im kleinen Walserthal.

tragen ohne Ausnahme ein langes, dunkelfarbiges Gewand, die Juppe, von einem glänzenden, in unzählige Fältchen gelegten Zeuge; oben am Hals= ausschnitt schaut der goldgestickte Brustlatz vor; um den Leib schlingt sich ein schmaler Gurt von lackirtem Leder, am Rücken mit einer silbernen Schnalle geziert; an demselben hängt bei den Frauen die Tasche und das Schnappmesser. Auf dem Kopfe tragen sie die dunkelblaue kegelförmige Schappel. Bei feierlicher Ge= legenheit kommt das Schäppeli, das goldene Krönlein, welches wir schon bei den Walserinnen sahen, zum Vorschein. Die Männer tragen kurze Sammtjacken, schwarzlederne Kniehosen, dunkelblaue Strümpfe; der Filzhut ist mit einem breiten Bande, das von einer großen Silberschnalle zusammengehalten wird, geziert.

Von eigenthümlichen Gebräuchen ist das Stube= gehen (der nächtliche Besuch der Burschen bei ihren Mädchen) zu erwähnen; es ist dasselbe, was die Schwei= zer Chiltgehen, die Algäuer Heimgarten nennen.

Der Dialekt der Wälder nähert sich dem schwei= zerischen, ohne jedoch die harten Kehllaute desselben zu haben. Die Grundlaute werden häufig gedehnt, die Worte abgekürzt, (mo = Morgen; gie = gehen; ko = kommen ꝛc.). Er klingt daher sehr weich, dem Fremden aber auch unverständlich.

Viehzucht und Käsehandel bilden die hauptsächlichste Nahrungsquelle der Bewohner des Bregenzerwaldes. Der Käsehandel wird von mehreren Wälderfirmen sehr schwunghaft, namentlich nach Italien, betrieben. Ge= treide wird im Walde keines gebaut, und der Bedarf von Bregenz und aus dem Algäu (Staufen) einge=

führt. Früher, als noch keine Fahrstraße in den Wald führte, bediente man sich zum Transporte der Saum= pferde.

Setzen wir unsere Wanderung von Schoppernau fort. — Wir erreichen in einer Stunde auf gutem, fahrbarem Wege das Dorf Au oder Jagdhausen. Im sechszehnten Jahrhundert soll sich hier die Sekte der mährischen Brüder verbreitet haben, die Anhänger derselben aber des Landes verwiesen worden sein.

Wir können hier füglich der Geschicklichkeit der Wäl= der als Bau= und Werkmeister erwähnen, da die Er= bauer der schönen Kirchen zu Weingarten, St. Gallen und Einsiedeln von Au gebürtig waren.

Von Au führt ein Fußsteig nach Damils hinauf, wo die Walser wohnen und die Mädchen und Frauen, alter Stammessitte getreu, noch ganz in das jetzt so verpönte Roth *) gekleidet gehen.

Durch den Gebirgsdurchbruch zwischen der Mittags= und Kanisfluh führt das Sträßchen in einer halben Stunde nach Schnepfau, einem kleinen Dörfchen, das an= muthig auf grünen Fluren liegt. Ein Fußweg führt von hier über einen schmalen, sich weit in's Thal hin= aus erstreckenden Gebirgsrücken, die Schnepfeck, an der St. Wendelinskapelle vorüber, nach dem Orte Bizau, in dessen Nähe sich die 6000 F. hohe Win= terstauden erhebt. Schön ist der Anblick der Kanis=

---

*) Die rothe Farbe war am Ende des vorigen Jahr= hunderts bei allen Volkstrachten die vorherrschende. Im Algäu sahen wir, z. B. auf ältern Trachtenbildern, rothe Mieder, rothe Röcke, rothe Strümpfe, rothe Regenmäntelchen, selbst bei männlichen Costümen rothe Camisole und Hosen.

fluh, die hier an ihrer nördlichen Seite, ihrer ganzen
Höhe nach eine fast ununterbrochene senkrechte Felsen=
wand zeigt.

Die **Wildkirche** oder der **Herenthurm** ist eine
an diesen Abhängen freistehende Felsensäule, die mit
der Sage von wilden Menschen, die in den Höhlun=
gen der Felsen gewohnt haben sollen, in Verbindung
gebracht wird.

Der nächste Ort, **Mellau**, welchen man über
Hirschau in 1½ Stunden erreicht, ist ein nettes Dörf=
chen; hier zieht das schöne **Mellauthal** am gleich=
namigen Bache gegen den hohen **Freschen** hinauf.
Ueber die **Hauseralp** (in deren Nähe sich der 5650 F.
hohe **Mörzelberg** erhebt), gelangt man auf müh=
samen Alpenpfaden nach **Laterns** und **Feldkirch** im
Rheinthale. Sehenswerth sind die **Wasserfälle** des
Flüh= und des **Kobelbaches** (Mellauerfall), die über
mehrere hundert Fuß hohe Felsenwände herabstürzen.

In gerader Richtung führt die Straße an der in
tiefer Felsschlucht dahinfluthenden **Ache** nach den Höhen
von **Schwarzenberg**, rechts abbiegend aber nach dem
stattlichen Dorfe **Bezau**.

Ehe man zu diesem Orte gelangt, führt ein Seiten=
weg nach dem **Bade Reute**; es gehört dem **Dr. Berg=**
mann und ist eines der besuchtesten Bäder in Vorarl=
berg. Das Badhaus ist geräumig und gut eingerich=
tet; die eisenhaltige Quelle wird als sehr heilsam ge=
rühmt. Die Zahl der Badegäste, größtentheils Frauen
aus den Orten des Rheinthales und den Seestädten,
beträgt während der Saison 600—700. Eine Viertel=

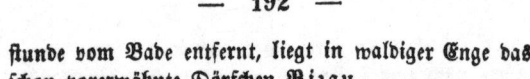

stunde vom Bade entfernt, liegt in waldiger Enge das schon vorerwähnte Dörfchen Bizau.

Bezau, das größte und bedeutendste Dorf des innern Waldes, ist der Sitz des k. k. Landgerichts, und zählt 700 Einw., auch befindet sich ein Kapuzinerkloster hier. Bezau ist der Geburtsort des als Geschichtschreiber rühmlich bekannten Chorherrn des österreichischen Stiftes St. Florian, Jakob Stülz. Anmuthig liegt der Ort in der freundlichen Ebene, von Hügeln umgeben, welche sich zu dem hohen Winterstaudengebirge hinanziehen.

Zunächst am Dorfe erhebt sich die Bezeck, ein mäßig hoher, bewaldeter Bergrücken. Am Fuße desselben führt ein Fußweg, die anmuthigsten Partien zeigend, zu der in schwindelnder Höhe die Ache überspringenden Bersbucher Brücke, wo wir wieder die von Mellau nach Schwarzenberg führende Straße treffen.

Wir wandern jedoch auf der Fahrstraße, welche von Bezau über die Bezeck in die lachenden Fluren von Andelsbuch, — dem Paradiese des Bregenzerwaldes — führt, weiter. Die Straßenhöhe gewährt die lieblichste Aussicht gegen die Mittag= und Canisfluh, gegen die Mittagsspitze, den Hang und das Hochälpele und in's kleine, zu den Füßen der Bezeck sich ausbreitende Thal, das von hereinziehenden Höhenrücken eng umgrenzt ist.

Auf den Höhen der Bezeck zeigt man die Stelle, wo in früherer Zeit das Rathhaus für den innern Bregenzerwald stand. Hier wurden die Volksversammlungen gehalten und nach altgermanischem Herkommen Recht gesprochen; der „regierende" Landammann,

gewöhnlich auf mehrere Jahre von allen hausseßhaften Unterthanen durch Stimmenmehrheit gewählt, war Vorsitzender des Gerichtes. Die Rathsversammlung bestand aus 24 Geschwornen, denen bei wichtigen Fällen 48 Ausschüsse (Beisitzer) zugegeben wurden.

Alle Rechtsuchenden brachten ihre Sache vor; Klägern und Beklagten wurde ein Fürsprech beigegeben; ihr Vorbringen wurde durch den Landschreiber, der eine studirte Person sein mußte, zu Papier gebracht. Nach angehörter Klage und Gegenrede wurden die Zeugen vernommen, und hierauf von den Schöffen des Gerichts nach Stimmenmehrheit das Urtheil gefällt; wer sich durch dasselbe beschwert erachtete, konnte bei der vorder-österreichischen Regierung zu Freiburg im Breisgau gegen dasselbe appelliren. In gleicher Weise wurde das hochnothpeinliche Gericht gehalten; denn der Bregenzerwald hatte das Recht über „Stock und Galgen, jeden zu strafen nach seinem Vergehen." Unter mancherlei Förmlichkeiten *) wurde das Gericht eröffnet und geschlossen; jährlich wurden in den Hauptorten der Landesviertel, und zwar zu Egg, Andelsbuch in der Bizau, drei ehehafte Gerichte gehalten. Dieses Gerichtsverfahren war bis in die letzten Decennien des vorigen Jahrhunderts in unbeschränkter Uebung.

Noch finden sich einzelne in hohen Ehren gehaltene Abschriften des Landesbrauches, und einer solchen ist nachfolgende Uebersicht entnommen. Dieselbe führt den Titel:

„Landesbrauch, d. i. Satzungen und Uebungen „des innern Bregenzerwaldes, wie solche von unvordenk-

---

*) Siehe Steub „Drei Sommer in Tyrol."

„lichen Jahren her auf der sogenannten Bezegg von
„sammtlichen Landesmagistrat und zweimal so viel aus
„der Gemeinde gemacht, und sonsten in uralter Uebung
„gewesen, sonderlich aber am 3., 4. und 5. Augusti
„anno 1744 auf bemeldeter Bezegg abermals neu durch=
„gegangen und in vielen Punkten besser erklärt, theils
„aber neuerdings für ein Landsbrauch und Gesetz auf=
„und angenommen, welches aus vorhandenen Landes=
„bräuchen und damals abgefaßtem Protokoll von der
„Landschreiberei aus in eine Ordnung übersetzt worden."

Die Schrift enthält folgende Haupttitel:

„Von Gericht und Rechthalten. Gerichtsord=
nung, Appelliren (Ordnung und Form der Appella=
tion). Schadengericht oder Rechtstag. Malefizgerichts=
ordnung. Frevelgericht. Vom Augenschein. Schuld=
gericht. Vom Arestiren und Haften. Vom Kaufen
und Kirchbotte, auch was von diesem abhängig. Wai=
senordnung. Zugrecht. Vom Wirthschaften, Becken
und Backen. Testamentiren und Erbschaft. Von denen,
die eines ledigen Kindes Vater zu sein läugnen. Von
der Auferziehung solcher Kinder 2c."

Von der ehrwürdigen Gerichtsstätte der Bezegg
folgen wir der Straße, die unter dem schattigen Laub=
dache schlanker Buchen in rascher Senkung zu den
Auen von Andelsbuch hinabführt.

Hier öffnet sich dem Blicke eine der lieblichsten Land=
schaften des ganzen Waldes. Weite Fluren wechseln
mit hübschen Weilern, die bald in langen Streifen an
der Straße sich hinziehen, bald in Gruppen zur Seite
in den Wiesen stehen; sanft ansteigende Hügel, mit

frischgrünem Buschwerk überdeckt, ferne Höhen, von
dunkeln Tannenwäldern umsäumt, umgeben die freund=
liche, weite Ebene.

Von hier nun bieten sich zur Fortsetzung der Wan=
derung verschiedene Wege. Ueber die schönen Dörfer
Andelsbuch und Egg gelangt man in den vordern
Wald. Da nun unser Sinn dahin steht, über Schwar=
zenberg zur Lorene hinaufzusteigen, so wollen wir
die Seitentour nach dem äußern Walde hier einschalten.

Zunächst gelangen wir nach Andelsbuch, einem
großen, schönen Dorfe, das mit den vielen dazu ge=
hörigen Weilern über 1000 Einw. zählt. In einer
halben Stunde von Andelsbuch erreicht man Egg, das
malerisch am Saume eines Hügels, der sich am rechten
Ufer der Ache erhebt, hinanzieht. In bedeutender Höhe
führt eine hölzerne, gedeckte Brücke an's linke Ufer der
Ache, um die Verbindung mit Schwarzenberg und
Alberschwende herzustellen. Die Kirche in Egg ist
geräumig und schön und mit einigen werthvollen Ge=
mälden geziert.

Ein schöner Fußweg führt oberhalb Egg bei der
Galgenhalde, deren Höhen eine sehr lohnende Uebersicht
des Thales gewähren, links durch eine tiefe waldige
Schlucht, durch welche die Sibratsg'fäller Ache zwischen
vielen durcheinandergeworfenen Felsenklumpen schäumend
dahinströmt. Man erreicht, nachdem die jenseitigen
Höhen auf mühsamem Fußpfade erstiegen sind, eine
schöne Ebene, auf welcher das stattliche Dorf Lin=
genau liegt.

Lingenau, oder am Hof zu Lingenau, ist der
bedeutendste Ort des äußern Waldes; die zum Orte
9*

gehörigen Weiler und Höfe liegen wie allenthalben im Gebirge, auf Flur und Höhen zerstreut. Die Gemeinde zählt 1200 E. Zunächst an der hübschen Kirche, der ältesten im Walde, ist ein geräumiger Platz, der von sehr ansehnlichen Gebäuden, darunter mehrere sehr gute Gasthäuser, umgeben ist. Hier werden jährlich 8 Märkte gehalten. Wie von Egg, führt auch von Lingenau ein Verbindungsweg nach **Alberschwende** *).

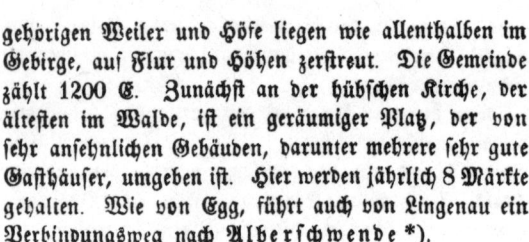

Auf der Hauptstraße, die durch anmuthiges, von einer Menge Weiler belebtes Hügelgelände hinzieht, erreicht man in einer Stunde das Dorf **Hüttisau**.

Zwischen **Lingenau** und **Hüttisau** ist am Fallenbach die sogenannte **rothe Egg.** Im Jahre 1647, als Wrangel Bregenz eroberte, war ein Trupp schwedischer Soldaten raubend und mordend bis in diese Gegend heraufgedrungen; und wie zu Elmen im Lechthale waren es auch hier — die **Weiber**, die wuthentbrannt — sich der zügellosen Rotte entgegen warfen und sie bis auf den letzten Mann niedermachten. Im Lechthale sollen sich die Weiber durch ihren Heldenmuth den Vortritt vor den Männern bei den Kirchengängen errungen haben; hier erinnert ein Glockenzeichen, welches zu gewissen Zeiten gegeben wird, an den Heroismus der Wälderinnen.

Hüttisau ist ein hübscher Ort, mit schöner, neuerbauter Kirche, welche einige gute Gemälde enthält,

---

*) In nördlicher Richtung führt ein Weg über Langenegg, Reute und Brenten auf den Sulzberg (siehe S. 73); ein anderer, ohne Hüttisau zu berühren, über Unterlangenegg nach **Krumbach**.

einem Amtsgebäude, mehreren Märkten, trefflichem Gast=
hause und einem Gesundbade in der Nähe. Hüttisau
ist der Geburtsort des Kustos der k. k. Münz= und
Antikenkabinete zu Wien, Joseph Bergmann, kaiserl.
Raths, Ritter des österr. Franz Josephordens ꝛc. ꝛc.

Von Hüttisau führt ein Fahrweg nach Balder=
schwang (s. S. 80), ein Saumpfad durch das Leckner=
thal nach Gunzesried im Algäu. Von hier aus könnte
der Hochhetri (4839 Wiener Fuß) bestiegen werden,
dessen Kuppe eine unvergleichliche Fernsicht gewährt.

Zwei starke Stunden südöstlich von Hüttisau liegt
das Dörfchen Sibratsg'fäll, von welchem man über die
Steineralpen nach Rohrmoos im Algäu gelangen kann.

Von Hüttisau nach Krumbach, dem letzten Orte
im äußern Walde, führt die Straße in einer Stunde;
der Ort selbst ist klein, doch findet sich ein sehr gutes
Gasthaus hier.

Ueber Zwing, in dessen Nähe ein Sträßchen über
die Brunstbrücke nach dem Sulzberg führt, erreicht
man die nach Staufen führende Straße *).

Die Gegend um Hüttisau und Krumbach bis her=
über in's Weißachthal ist nicht mehr so heiter und
lieblich, als bei Andelsbuch und Lingenau. Ziemlich
hohe Bergrücken, zwischen welchen sich schmale Thäler
hinziehen, umschließen die Landschaft, und manchmal

---

*) Ein schöner Fußweg führt von Krumbach durch ein
Tobel der Bolgenach und auf den jenseitigen Höhen durch
einige, zur Gemeinde Riefensberg gehörige Weiler nach dieser
Straße, und kürzt den Weg etwas ab.

schaut in der Ferne ein steiler Felsgrat über die dun=
keln waldigen Hänge herein.

So hätten wir nun die bedeutendern Orte des
äußern Waldes besucht und kehren nun wieder an
den Fuß der Bezegg zurück, um in anderer Richtung
unserm Reiseziel, den schönen Gestaden des Bodensee's,
zuzueilen.

Nicht ferne von dem Oertchen Bersbuch kommt
man zu der Achbrücke, die, hoch über dem Wasserspie=
gel schwebend, die steilen felsigen Ufer verbindet. In
der Nähe fand vor Kurzem ein nicht unbedeutender
Bergrutsch statt, der die Straße eine ziemliche Strecke
zudeckte und längere Zeit unfahrbar machte. Von dieser
Brücke führt der Weg allmählig ansteigend in einer
Viertelstunde nach Schwarzenberg. Das Dorf ist
hübsch, hat mehrere sehr gute Gasthäuser und zählt
circa 1500 Einw. Bedeutend sind die Viehmärkte, welche
im Herbste hier gehalten werden. Das Dörfchen hat
eine wunderschöne Lage, und auf keinem Punkte ge=
währt das Gelände des Bregenzerwaldes eine so schöne
Ansicht wie hier.

In der Kirche befindet sich ein seltener Kunst=
schatz, ein Altargemälde: die Himmelfahrt Mariä,
von der berühmten Künstlerin Angelika Kaufmann.

Schwarzenberg ist nämlich der Heimathsort dieser
berühmten Malerin. Sie wurde während eines vor=
übergehenden Aufenthaltes ihrer Aeltern 1741 in Chur
geboren, erhielt den ersten Unterricht im Zeichnen und
Malen von ihrem Vater, den sie jedoch bald übertraf;

in ihrem 13. Jahre nahm sie ihr Vater mit sich nach Italien. Nach vollendeten Studien ging sie nach England, wo sie die königliche Familie malte und dadurch ihren Ruf begründete. Sie kehrte 1782 nach Rom zurück und starb daselbst 1807. Kurz vor ihrem Tode sendete sie von Rom das schöne Altargemälde in die Heimath, welches mit großem Gepränge in der Kirche aufgestellt wurde. Im „Schäfle" (Lammwirth) werden noch mehrere Gemälde von ihrer Hand aufbewahrt und dem Fremden mit Bereitwilligkeit gezeigt.

Hier, auf den Höhen von Schwarzenberg rankt sich bereits die Rebe um die Lauben und Gänge der Häuser, nicht wenig zur Verzierung derselben beitragend. Es ist ein gar heiterer Anblick, das frische Laubgewinde auf den tiefbraunen Balken und Holzwänden; und aus dem rankenden Rebengrün schauen, einen Augenblick vom emsigen Sticken ruhend, die lieblichen Wäldermädchen, den Gruß des Wanderers freundlich erwiedernd.

Von Schwarzenberg führt die Fahrstraße an dem schon öfter angeführten Dorfe Egg, an den vielen Krümmungen der Abhänge hinziehend, nach Alberschwende. Auf einem Fußpfade gelangt man westlich über die Lose nach Dornbirn; ein anderer führt über die Lorene nach Alberschwende. Etwa eine Viertelstunde außerhalb Schwarzenberg verläßt man, um den letztern Steig zu gewinnen, die Straße, und allmählig ansteigend, führt der Weg durch bewaldete Höhen zur Kuppe des Berges hinan.

Von unbeschreiblicher Wirkung ist der Rückblick nach den Gefilden des Bregenzerwaldes; es will uns

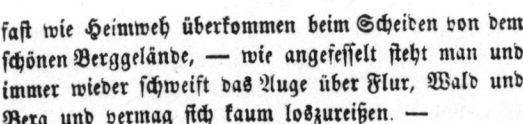
fast wie Heimweh überkommen beim Scheiden von dem
schönen Berggelände, — wie angefesselt steht man und
immer wieder schweift das Auge über Flur, Wald und
Berg und vermag sich kaum loszureißen. —

Wenige Schritte nur, und wir treten aus dem
Waldsaume auf die heitere Bergeshöhe, — wie mit
einem Zauberschlag wechselt die Scene: Tief im Thale,
von milden Höhenzügen umfangen, ruht die spiegel=
helle Fläche des Bodensee's, in weite Ferne sich hin=
ziehend, wo die Ufer verschwinden und die Wasserfläche
sich im Duft der Ferne verliert. Unten in der farben=
reichen Uferlandschaft blitzt das Silberband des Rhei=
nes, mächtige Gebirgsstöcke heben sich dort aus dem
Thale, von deren leicht umflorten Kuppen lichte Schnee=
felder schimmern. Sanft geformte Höhen, aus deren
frischem Grüne der Thurm einer Kirche, die Dachgie=
bel einsamer Weiler sich emporheben, zeigen sich in der
Nähe. — Wahrlich ein zaubervolles Bild! Es ist, als
schiene hier die Sonne heller, milder; so verklärt liegt
die Landschaft; so still, als mahnte sie „leise an den
Frieden, der von der Erd' auf immer ist geschieden
schon in der ersten Paradiesesfrühe." —

Bei dem Dorfe Alberschwende, dessen Gemeinde
in vielen zerstreut liegenden Weilern über 2000 Ein=
wohner zählt, erreicht man die schöne Kunststraße, welche
durch das Schwarzach = Tobel nach dem Dorfe
Schwarzach, schon in der lieblichen Rheinebene ge=
legen, führt.

Die breite Straße zieht in weiten Windungen zur
Seite des Schwarzachbaches, der eine Menge Wetzstein=

mühlen in Bewegung setzt, zur Ebene hinab. Von
Harnach aus führt ein Weg nach der auf den Höhen
des Steinsberges (Steusberg) gelegenen Wallfahrts=
kirche Maria Bildstein; daselbst genießt man eine
sehr schöne Fernsicht, der Hr. Pfarrer ist im Besitze
eines vorzüglichen Fernrohrs von Plößl in Wien.
Früher hielten die zum äußern Walde gehörigen Gemein=
den ihre Volksversammlungen hier.

Schwarzach, das hübsche Dorf, erreicht man von
Alberschwende in zwei Stunden. Traulich schauen
die Häuser unter den Obsthainen hervor, die Rebe
schlingt sich in üppigen Gewinden an den Spalieren
empor; wogende Kornfelder und Maispflanzungen er=
innern uns, daß wir nun die gesegneten Ufergefilde
des Bodensee's erreicht haben.

Durch freundliche Auen gelangen wir über Rücken=
bach, dem Geburtsorte des in Rom lebenden ausge=
zeichneten Künstlers Flaz, auf einem links abzwei=
genden Seitenwege nach dem stattlichen Dorfe Lau=
terach. Nördlich von Rückenbach liegt das freund=
liche Dorf Wolfurth mit einem interessanten Schlosse;
in der Nähe, jenseits der Bregenzerach, liegt das Dorf
Kennelbach mit großartiger mechanischer Baumwoll=
spinnerei; von Kennelbach führt ein Weg auf den
Gebhardsberg.

Von Lauterach, an dem Schlosse Rieden vorüber,
das jetzt im Besitze der geistl. Frauen vom Herzen Jesu
ist, erreicht man in einer Stunde die Stadt Bregenz.

Bregenz.

Bregenz*), das Brigantium der Römer, die älteste Stadt am Bodensee, erhebt sich terrassenartig auf freund=lichen Hügeln; es scheidet sich in zwei Stadttheile, in die Alt = und Neustadt, oder wie man hier sagt, obere und untere Stadt. Von Gebäuden sind das Rathhaus, das Kornhaus, die Kreishauptschule, die See = und Annakaserne zu nennen. Sehenswerth ist die Kirche, welche zwei geschätzte Gemälde (am Hochaltar und im Kreuzgange) von unbekannten Meistern enthält.

Ueber dem Thore, welches von der untern in die obere Stadt führt, ist ein Basrelief, römischen Ursprungs (die Göttin Epona, Schützerin der Pferde darstellend), zu sehen. Man möge nicht unterlassen, den neuen, großartig angelegten Hafen zu besuchen, auf dessen Dämmen sich eine liebliche Rundsicht auf die weite Fläche des See's, die Ufergelände und die nahen Höhen=züge gewinnen läßt.

Gewerbethätigkeit, Handel und Verkehr sind hier

---

*) Bregenz ist der Hauptort Vorarlbergs, Sitz der Kreisregierung und Bezirkshauptmannschaft, eines Bezirks=gerichts, Polizeicommissariats, Steueramts, Finanzwachecom=missärs, einer Zolllegstätte, Absatzpost und des Telegraphen=amts; lebhafter Schranne, Hospital, Kapuziner = und Frauen=kloster; Theater, Buchhandlung von Teutsch. Es zählt ohne die jeweilige Garnison, die der Stadt reges Leben verleiht, 4000 Einw. Gasthäuser: Adler (Post), Krone, Löwe, Lamm, Rad, schwarzer Adler, Hecht.

sehr lebhaft. Mit dem Verkauf von hölzernen Alp=
häusern, die größtentheils nach der Schweiz gehen,
dann mit Rebstöcken, deren jährlich an 2 Millionen
Stück verführt werden, macht man bedeutende Geschäfte.
Die Schranne ist sehr stark besucht. In der Nähe der
Stadt sind bedeutende industrielle Etablissements; die
Spinnerei in Kennelbach haben wir schon erwähnt;
in Lustenau ist eine Stickerei von Bellenberger, in
St. Johann Höchst die Feinstickereifabrik von Schnei=
der und Benzinger, in Haard die Türkischroth=, Kat=
tun= und Schafwolldruckfabrik von Jenny und Spind=
ler 2c. 2c.

Es wurde bereits angeführt, daß das alte
Brigantium einst der Wohnsitz eines vindelicischen
Stammes gewesen sei. Auch von Strabo wird die
Stadt 40 Jahre nach Christus erwähnt. Eine Römer=
straße zog von hier über Campodunum (Kempten)
nach Augusta Vindelicorum (Augsburg); eine andere
nach der römischen Ansiedelung Arbor Felix (Arbon)
und Helvetien. Das römische Brigantium soll auf
dem sogenannten Oelrain, wo schon öfter Münzen,
Gefäße 2c. gefunden wurden, gestanden haben. Im
Mittelalter gehörte Bregenz den Grafen von Montfort.

Wilhelm von Montfort, mit dem ganzen Adel am
See und in Schwaben verbunden, vertheidigte 1407
die Stadt gegen die übermüthigen Appenzeller, die be=
reits neun Wochen vor der Stadt lagen und schon
manchen, wiewohl vergeblichen Sturm gewagt hatten;
schon begann der Muth der Belagerten zu sinken, da
soll der Sage nach ein wackeres Weib, Ehrguta,
vielleicht von nahem Entsatz unterrichtet, die Verza=

genden zum Ausharren ermahnt und zu neuem Kampfe
angeregt haben. Es nahte Hilfe. Graf Montfort=
Scheer rückte mit 8000 Reisigen, den Edlen des St.
Jörgenschildes heran; es kam zum Kampfe, die
Schweizer wurden mit großem Verluste geschlagen; ihr
sämmtliches Lagergeräth, darunter ein Wurfgeschoß, die
Appenzellerin, das 10 Centner schleuderte, fiel in die
Hände der Sieger. Zum Andenken an diesen Sieg
stiftete Graf Wilhelm von Montfort die Seekapelle,
wo die Gebeine der Erschlagenen ruhen. Ehrguta
aber wurde reichlich belohnt und ihr Andenken dadurch
erhalten, daß noch jetzt der Nachtwächter dem Rufe
der ersten Nachtstunde das Wort „Ehrguta" beisetzt.

Stadt und Herrschaft Bregenz kam von den
Montforten durch Kauf 1451 und 1523 an die Erz=
herzoge von Oesterreich. Im Jahr 1647 erober=
ten die Schweden unter Wrangel die Stadt und mach=
ten unermeßliche Beute. Adel und Klöster in ganz
Schwaben hatten ihre Schätze und Kostbarkeiten hie=
her geflüchtet, da die Stadt, mit zahlreichem Kriegs=
volk besetzt und von allen Seiten gut befestigt, für
uneinnehmbar galt.

Im Revolutionskriege von 1796 wurde Bregenz
von den Franzosen genommen und mußte viel Unge=
mach erdulden.

Lage und Umgebung der Stadt sind überaus
freundlich; der herrliche See mit seinen lieblichen Ge=
staden, die heitern Höhen mit den reizenden Fernsich=
ten gewähren reichlich Gelegenheit zu lohnenden Ausflügen. In der Nähe ist insbesondere die Anhöhe der
Klause (Klus) mit einem Pavillon, „Grabenreuths=

Ruhe," wo man eine überaus schöne Ansicht des See's und seiner Uferlandschaften (namentlich bei Sonnenuntergang) genießt, besuchenswerth. Die Klause war früher zur Sperrung der damals höher gehenden Straße stark befestigt.

Als 1647 die Schweden heranzogen, soll, wie die Sage erzählt, ein Kommandant diesen Posten verrätherischer Weise an die Schweden übergeben haben. Der „Klausehund", der den Fuhrleuten schon manchen Schabernack zugefügt und den man da und dort am Wege gesehen hat, wäre nichts anderes als der Geisterspuck jenes Treulosen, der dadurch seinen Frevel sühnen soll.

Längs dem Seeufer führt ein hübscher Weg nach dem alten Benediktiner = Stifte Mehrerau, dessen Gründung dem heil. Columban und Gallus (611) zugeschrieben wird. Als der eigentliche Stifter wird Graf Ulrich VIII. von Bregenz (und dessen Gemahlin Bertha) genannt. Im Jahre 1806 wurde das Kloster aufgehoben, die Kirche abgebrochen und das Material zu den Hafenbauten in Lindau benützt. Im Jahre 1854 wurde das Stift wieder hergestellt und den Cisterciensern des 1844 aufgehobenen Stiftes Mettingen in Aargau, eingeräumt.

In der Nähe von Mehrerau liegt das schon erwähnte Schloß Rieden von Hans Schnabel, dem Begleiter und Waffengefährten des berühmten Marx Sittich von Ems, im 16. Jahrhundert erbaut. Im Jahre 1854 erkauften es die geistlichen Frauen vom Herzen Jesu von dem Baron Pöllnitz um 49,700 fl.

10

und errichteten ein weibliches kathol. Erziehungs=In=
stitut für Tyrol und Vorarlberg daselbst.

Der ausgezeichnetste, und wie ein neuerer Reisen=
der sagt, „mit Recht europäisch berühmt ge=
wordene Punkt," in der Umgebung von Bregenz,
ist der Gebhardsberg. Dahin wollen wir nun un=
sere Schritte lenken und erreichen in einer Stunde die
1838 F. hohe Kuppe des Berges.

Ueber jäher Felsenwand erhebt sich das St. Geb=
hardskirchlein; daneben steht das Haus des Küsters;
auf dem Balkon desselben erschließt sich dem Blicke die
zaubervolle Rundsicht. Vor allem fesselt der Anblick
des Bodensee's, der seinen schimmernden Wasserspiegel
seiner ganzen Ausdehnung nach von Bregenz bis Kon=
stanz und von den schwäbischen bis zu den schweize=
rischen Ufern entfaltet und die Benennung „schwäbi=
sches Meer" vollkommen rechtfertigt; denn oft sind
die Ufer des Höhgau's (am untern See), wo sich bei
heiterer Luft die Basaltkegel von Hohenstoffeln,
die Porphyrgipfel des Hohentwiel und Hohen=
krähen zeigen, von duftigen Nebeln umschleiert und
die Fläche des See's verschwindet dann in den Tö=
nen der Ferne und scheint sich in unabsehbare Weite
auszudehnen, einem Meeresarme gleich, der sich im
Oceane verliert.

Gleich fesselnd wie der Anblick des See's mit sei=
nen lieblichen Gestaden, die im herrlichen Schmucke
fruchtbarer, mit unzähligen Ortschaften besetzter Auen
prangen, ist der Blick nach den südlich in weitem Bo=
gen das Rheinthal umgürtenden Bergen. Zur Linken
zeigen sich die Höhen des vordern Bregenzerwaldes,

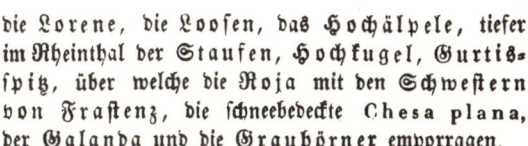

die Lorene, die Loosen, das Hochälpele, tiefer
im Rheinthal der Staufen, Hochkugel, Gurtis-
spitz, über welche die Roja mit den Schwestern
von Frastenz, die schneebedeckte Chesa plana,
der Galanda und die Grauhörner emporragen.

Oben, wo der Rhein aus den Gebirgen hervor-
strömt, erhebt sich ein mächtiger Gebirgswall, der sich
gegen den Wallenstätter See hinzieht; der Gonzen-
berg bei Sargans, Kameck, Alvier heißen die einzelnen Glieder desselben, welche sich gegen die Kämme
der Kuhfürsten hinziehen. Daneben erhebt sich der
mächtige Stock der Appenzeller Gebirge, aus dem der
hohe Säntis, der hohe Kasten, der Kamor als
schön geformte Grate emporragen. Gegen den See
zu senken sich die Berge zu mäßigen Hügeln herab in
den gesegneten Gefilden des Thurgaus sich in un-
kenntlichen Umrissen verlierend.

So eint sich hier das Liebliche mit dem Erhabenen
zu einem Bilde von ergreifender Schönheit. Wer an
heitern Sommerabenden hier oben weilt, wenn die
Sonne sinkt und ihre Gluthscheibe in die Fluthen des
See's zu tauchen scheint, wenn der weite Wasserspiegel wie lauteres Gold schimmert, — wenn die leichten
Wolkengebilde, die über dem See schweben, wie eine Fata
Morgana im farbenreichsten Glanze wechseln, — wenn
all' die Berge erglühen und dann allmählig der Abend
seine blauen duftigen Schatten über das weite Gelände
breitet, wenn die Glocken zur Ruhe läuten vom Thale
herauf, von den Höhen hernieder, wird man tief er-
griffen mit einstimmen in den begeisterten Ruf des
Dichters:

10 *

„Fürwahr ein schönes Land!
Ein Tempel scheint's zu sein,
Von ew'gen Hochaltären glänzt der Schein
Des Abendopfers, wenn die Sonne sinkt."

Die Höhe des Gebhardsberges zierte einst eine Rö=
merwarte, später erhob sich auf dieser Stelle die Burg
Hohenbregenz *), welche schon im zehnten Jahrhun=
dert der Sitz der Grafen von Bregenz war, diesem
erlauchten Geschlechte entstammte der heil. Gebhard,
der hier geboren wurde. Im Jahr 1647 wurde das
Schloß durch die Schweden gänzlich zerstört. Das
St. Gebhardskirchlein, das zwei schöne Gemälde von
Flatz zieren, wurde (an der Stelle eines ältern) 1723
erbaut.

Freunden höherer Standpunkte wäre der Besuch
des Pfänders, der höchsten Kuppe des Fürber=
ges (3305 F.), eine unvergleichliche Fernsicht bietend,
zu empfehlen.

Noch sieht man hie und da Verschanzungen aus
der Schwedenzeit. Die nahen Bauernhöfe bieten (wenn
man in Erwartung des Sonnenaufgangs etwa die Nacht
auf der Höhe des Berges zubringen will), Aufnahme
und die nöthigste Beköstigung.

Vom Pfänder führt ein Weg durch waldige Hal=
den gegen die Klause und das Dorf Lochau.

*) Die Benennung „Pfannenberg" kommt vom Grafen
Hugo v. Montfort, dem Minnesänger, her, der durch seine
Gemahlin Margaretha in Besitz der steyerischen Herrschaft
Pfannberg gelangte und der Stifter der Bregenz = Pfann=
berger, spätern Tettnanger Linie der Montforte war. (Kögl,
„Burg Hohenbregenz" ꝛc.)

Wir kehren nach Bregenz zurück, um unsere Wanderung auf der schönen nach Lindau führenden Straße
fortzusetzen. Diese führt eine ziemliche Strecke längs
des Seeufers hin, die reizendste Aussicht über den herrlichen Golf, welcher sich zwischen Lindau und Bregenz
ausdehnt, bietend, von dem Reisende versichert haben,
„daß sie kaum zu sagen wüßten, was schöner sei, der
Golf von Neapel oder der Bodenseegolf bei Bregenz." In einer Stunde erreicht man beim sogenannten Bäumle die bayerische Grenze; in der Nähe liegt
das schöne, leider im Verfall begriffene Schloß Hofen
und die Ruine Ruckburg. Ueber Ziegelhaus gelangt man in einer weitern Stunde nach der lieblichen
Inselstadt

Lindau.

Lindau*), welches als Ausgangspunkt der bayerischen Süd-Nordbahn einer schönen Zukunft entgegen-
geht, liegt überaus reizend auf einer Insel des Bodensee's und ist mit einer 300 Schritte langen hölzernen
Brücke mit dem Festlande verbunden.

---

*) Lindau, Stadt, 3548 Einw. (ohne die Garnison),
Sitz der k. Stadtkommandantschaft, des kgl. Stadtkommissa-
riats, Landgerichts, Rentamts, Salz-, Bahn- und Post-
amts, Hauptzoll- und Hallamts und des Hafenkommissa-
riats. Es hat eine Latein- und Gewerbe-Schule, protestantische und katholische Pfarrkirchen, mehrere wohlthätige Stiftungen, Buchhandlung, Buchdruckerei und lithographische
Anstalt, Theater, Stadtbibliothek, Badeanstalten, sehr bedeutenden Speditions- und Transithandel, frequente Wochen-
märkte ꝛc. Gasthöfe: Bayerischer Hof, Krone, Gans, Sonne ꝛc.

Schon Tiberius ließ, als er zur Bekämpfung der Vindelizier über den See gesetzt, die Inseln, auf welchen die Stadt steht (die drei Inseln sind jetzt durch Ausfüllung der sie trennenden Gräben zu einer verbunden), befestigen, die Heidenmauer, welche man am Eingange der Stadt sieht, soll noch ein Rest jener Befestigungen sein. Urkundlich kommt Lindau in der zweiten Hälfte des achten Jahrhunderts vor. Durch das von den Grafen von Wasserburg im 9. Jahrhundert gegründete Benedictinerstift, das später in ein adeliges Damenstift umgewandelt wurde, erhielt es mehr Bedeutung.

Im Jahre 948 soll Lindau gänzlich abgebrannt und die Bewohner nach dem nahen Aeschach übersiedelt sein, von wo sie zur Zeit Konrad II. wieder in ihre alten Wohnsitze zurückkehrten. Im Jahre 1496 hielt Kaiser Maximilian I. einen wichtigen Reichstag zu Lindau, auf welchem die Reichskammer-Gerichtsordnung entworfen wurde. Im Jahre 1530 wurde die Reformation eingeführt; 1802 kam die Reichsstadt mit dem schon 1466 gefürsteten Damenstifte als Entschädigung an den Fürsten von Brentenheim, von welchem sie 1803 an Oesterreich und 1805 an Bayern kam.

Freundliche Spaziergänge führen um die Stadt, insbesondere fesselnd ist die Aussicht von dem Hafendamme, wo man sich unter dem regen Getriebe (namentlich an Markt- und Verladungstagen) ankommender und abgehender Eisenbahnzüge, Dampfschiffe rc. an einen Seeplatz versetzt wähnt.

Von merkwürdigen Gebäuden dürfte die alte jetzt

als Magazin benützte St. Peterskirche unsere Auf=
merksamkeit in Anspruch nehmen, deren Inneres alte,
wiewohl sehr beschädigte Frescogemälde enthält. Noch
sind bemerkenswerth: das alte Rathhaus, der Diebs=
thurm, das Klosmen, die Kaserne und das ehe=
malige Damenstiftsgebäude.

Eine Zierde der Stadt ist der herrlich gelegene
Bahnhof, den das von Professor Halbig in Mün=
chen ausgeführte Löwenmonument zieren wird.

Durch das von freundlichen Anlagen umgebene
Landthor gelangt man auf die obenerwähnte Brücke,
von welcher sich ein vorzüglich schöner Anblick des
See's, besonders eindrucksvoll bei untergehender Sonne,
darbietet.

Eine Menge freundlicher Vergnügungsorte laden
zum Besuche ein. Wir nennen das Gärtchen auf
der Mauer, mit schöner Aussicht gegen die Schwei=
zerufer, das Köchlin, den Sommerkeller auf
der Steig, Schlachters Sommerkeller ꝛc.

Eine genußreiche Partie läßt sich über den Hoyer=
berg nach dem Schachenbade, dem besuchtesten Ver=
gnügungsorte in Lindau's Umgebung, machen. Auf
der Anhöhe des Hoyerberges zeigen zwei Belvedere
die prachtvollste Rundsicht: In der Nähe ziehen sich
rebengeschmückte Hügel hin, im Süden am herrlichen
Golfe erblickt man Bregenz amphitheatralisch an den
Höhen hinaufsteigend, das Rheinthal, mit dem blin=
kenden Silberband seines Stromes und aus ihm sich
erhebend, der sirngeschmückte Gebirgsstock des Alpsteins.
Westlich, fast im Dufte verschwindend, gewahrt man
die Schweizer Ufer mit den Orten Rheineck, Rorschach,

Arbon, Romanshorn. Zur Rechten dehnt sich die weite Fläche des See's, mit den schönen, sich allmählich verflachenden Ufergeländen hin.

In der Nähe des Bades Schachen, das äußerst lieblich am Ufer des See's liegt, ist die Villa Lindenhof, der Familie Gruber gehörig, mit sehr schönen Gartenanlagen, werthvollen Gemälden und andern Sehenswürdigkeiten.

Noch haben wir der reizenden Villa „Am See", Eigenthum J. k. k. Hoh. der Prinzessin Luitpold von Bayern, ganz nahe an der Stadt liegend, zu erwähnen.

Und nun seien hier noch einige Bemerkungen über den See selbst beigefügt.

Der Bodensee, der Lacus brigantinus, acronius, bodanus der Alten, liegt (zwischen 26° 24′ 41″ und 47° 24′ 56″ östl. Länge und zwischen 47° 28′ 32″ und 47° 48′ 45″ nördl. Breite) 1223 F. über dem Meere.

Er wird in den obern oder Bregenzersee und in den untern, Ueberlinger= und Zellersee, eingetheilt. Seine größte Ausdehnung von Süd=Ost nach Nord=West — von Bregenz bis Ludwigshafen — beträgt 16 Stunden, seine größte Breite — zwischen Friedrichshafen und Romanshorn — 5 Stunden. Seine größte Tiefe 964 F. ist zwischen Lindau und Konstanz.

Den bedeutendsten Zufluß erhält er durch den Rhein, der bei Rheineck in den See fällt und ihn bei Stein wieder verläßt. Eine Menge anderer Flüsse größten=

theils aus dem Gebirge kommend, münden in denselben, weßwegen die Wasserhöhe zur Zeit der Schneeschmelze oft um 10—14 Fuß ansteigt.

Die mannigfaltigsten Fischarten tummeln sich in den Tiefen des See's, von denen die Maräne, das Blaufelchen und die Seeforelle die vorzüglichsten sind. Von Januar bis Ostern wird der Gangfisch in großer Menge (oft zu 1000 Stück auf einmal) gefangen und marinirt oder gedörrt, weit umher versendet.

Die Schifffahrt auf dem See wurde früher mit sogenannten Lädinen und Halblädinen, Segnern und Halbsegnern betrieben, welche aber durch die Dampfschifffahrt größtentheils außer Gebrauch gekommen sind. Als im Jahre 1824 das erste (eiserne) Dampfschiff gebaut wurde, schüttelten die alten Schiffer ungläubig die Köpfe und meinten: „s'Ise schwimmt it:" — daß das Eisen wirklich schwimmt, haben sie seitdem wohl erfahren. Nicht weniger als 19 Dampfschiffe (darunter ein Schraubenboot), verschiedenen Aktien-Gesellschaften gehörig, kreuzen in allen Richtungen des See's; vier Eisenbahnen, denen in Kurzem noch mehrere folgen werden, münden jetzt (in Lindau, Friedrichshafen, Romanshorn, Rorschach) an seinen Ufern, welche auch bereits ein unterseeischer Telegraph verbindet; — so zeigt sich überall der regste Verkehr, rastlos thätiges Leben.

Hat man alle die vielen freundlichen Orte der Nähe, all' die sonnigen Höhen, wo sich so zaubervolle Landschaftsbilder zeigen, besucht, so wären auch noch die Städte und Dörfer, die Villen und Schlösser, die rings die gesegneten Seegestade schmücken, zu besehen.

Durch die bezeichneten Verkehrsmittel ist täglich Gelegenheit gegeben, nach allen bedeutendern am See gelegenen Orten zu gelangen; überdies werden in den Sommermonaten häufig Rundfahrten veranstaltet und man kann im Laufe eines Tages alle größern Orte des Ufergeländes besuchen.

Zunächst ladet das rasch aufblühende Friedrichs= hafen mit seinem schönen Lustschlosse Hofen zum Besuche ein; weiter oben winkt das altersgraue Da= gobertsschloß zu Mörsburg, von hohem Felsen= söller, wo „Meister Sepp von Eppishuse" (Frei= herr v. Laßberg) seine reichen Schriftschätze aufbewahrt. Drüben über dem Seearm lockt die isola bella des Bodensee's, die Insel Mainau. Eine kurze Fahrt bringt uns nach der alten Constantia, wo die deut= schen Kaiser getagt, wo 1414 die große Kirchenver= sammlung gehalten wurde, wo Johann Huß und sein Freund Hieronymus von Prag verbrannt wur= den; wo 1633 die Bürger unter Truchseß Willibald v. Waldburg, den Schweden so tapfern Widerpart ge= halten, daß Horn mit seinen Schaaren nach vierwöchent= licher vergeblicher Belagerung abziehen mußte. — Von Konstanz kann man hinüber wandern nach der Augia dives, der gesegneten Insel Reichenau, dem einst so reichen Stifte, der Wiege schwäbischer Wissen= schaft und Bildung.

Und nun abwärts, an den traulich aus den Obst= hainen hervorschauenden Ortschaften des Thurgau's vorüber, gelangt man nach dem regsamen Romans= horn, dem lieblichen Arbon und dem belebten Ror=

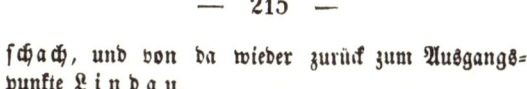

schach, und von da wieder zurück zum Ausgangs=
punkte Lindau.

So bietet die schöne Inselstadt, nicht mit Unrecht
das „schwäbische Venedig" genannt, mit ihrer
unvergleichlichen Umgebung die reichsten Genüsse; in
seltener Fülle das Liebliche mit dem Erhabenen ver=
einend.

Darum, wer das Herz erfreuen, den Geist
erfrischen, wer Kraft gewinnen will zum neuen
mühevollen Schaffen, der walle nach den
wonnigen Gestaden des lieblichsten, des
schönsten aller Seen des deutschen Va=
terlandes!

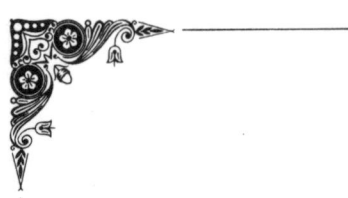

Berichtigungen.

Seite 21 Zeile 18 von oben lies: führt statt fährt.

" 34 " 15 " " " **Kalbsangst** statt Karlsangst.

" 68 " 3 " unten: Das k. Forstamt in Immenstadt
ist aufgehoben

" 78 " 6 " oben lies: **Versprechen** statt Versprechen.

" 109 " 4 " unten " **Thal**.